闪亮的日子
青春该有的模样

主编 / 石鹏建　执行主编 / 周新杰

大学生创业

典　型　人　物　事　迹

全国高等学校学生信息咨询与就业指导中心

知识产权出版社
全国百佳图书出版单位

图书在版编目（CIP）数据

大学生创业典型人物事迹/石鹏建主编. —北京：知识产权出版社，2018.6
（闪亮的日子　青春该有的模样）
ISBN 978－7－5130－5625－0

Ⅰ.①大…　Ⅱ.①石…　Ⅲ.①大学生—创业—先进事迹—中国　Ⅳ.①K828.4

中国版本图书馆 CIP 数据核字（2018）第 126088 号

内容提要

习总书记寄语大学生："青春是用来奋斗的！"当下创新创业的队伍中，越来越多出现的是大学生们的青春身影，本书集结了几十位大学生的创业故事，展现新一代大学生积极进取、用智慧和创新回报社会的精神风貌。创业学子中有人把创业当作信仰，有人回乡带领乡亲创业致富，有人把互联网生态带到了边远地区，有人把土特产做成地方文化符号，耕耘在传统行业的学子们把新的"互联网＋"思维融入其中，更多学子在人工智能、区块链、大数据等高科技领域利用所学专长创业……锐意创新的学子们创造了很多中国奇迹，中国创新创业的道路上留下了他们闪亮的青春群像！

责任编辑：冯　彤　栾晓航　　**责任校对：**谷　洋
装帧设计：张革立　　**责任印制：**刘译文

大学生创业典型人物事迹

石鹏建　主编

出版发行：知识产权出版社有限责任公司　　**网　　址：**http://www.ipph.cn
社　　址：北京市海淀区气象路 50 号院　　**邮　　编：**100081
责编电话：010－82000860 转 8386　　**责编邮箱：**fengtong@cnipr.com
发行电话：010－82000860 转 8101/8102　　**发行传真：**010－82000893/82005070/82000270
印　　刷：三河市国英印务有限公司　　**经　　销：**各大网上书店、新华书店及相关专业书店
开　　本：787mm×1092mm　1/16　　**印　　张：**16.25
版　　次：2018 年 6 月第 1 版　　**印　　次：**2018 年 6 月第 1 次印刷
字　　数：280 千字　　**定　　价：**68.00 元

ISBN 978-7-5130-5625-0

前　言

2018年五四青年节，习总书记在北大与师生座谈时讲道：“青年一代有理想、有担当，国家就有前途，民族就有希望。”青春，是多么富有诗意的字句。当代大学生用他们的自信和担当，用他们的知识和奉献，谱写了一首首动人的青春之歌。

我们从全国征集到了一百多位学子的青春故事。他们当中有人扎根基层，在城市社区、乡间村头、偏远山区，潜下心来，与基层百姓并肩，从点滴开始认识象牙塔外另一重世界的生活和工作。他们能感知老百姓的深厚情谊，他们能体会老百姓的喜怒哀乐，他们了解中国的国情。他们用知识和智慧打开基层工作的新局面。“到基层和人民中去建功立业，让青春之花绽放在祖国最需要的地方，在实现中国梦的伟大实践中书写别样精彩的人生”这是2014年习总书记给河北保定学院西部支教毕业生群体代表回信时所说的话。“扎根人民，奉献国家”，基层就业的大学生们选择了吃苦也赢得了收获，奉献使他们的青春更加厚重。

青春因梦想而激扬。创业的学子们把创新当作一种人生的态度，把创造当作一种人生信仰。创业的鸿鹄之志从坚定的信念、执着的开拓和顽强的拼搏开始。大学生创业队伍中有返乡创业的致富带头人，在故乡的沃土上施展才华；有走在技术前沿创新的学子，用专业知识开启高科技的新领域；有耕耘在传统领域的大学生，大胆探索，为传统赋予“互联网+”、区块链等新思维。大学生是创新创业的生力军，理想指引人生方向，信念决定事业成败，在这组创业大学生的群像中，开拓和拼搏是镌刻在他们身上的符号。

“志之所趋，无远弗届，穷山距海，不能限也。”大学生们用年轻的臂膀扛起保家卫国的重任。书中收录几十位应征入伍的学子，他们携笔从戎，在绿色军营挥洒青春。“青春是用来奋斗的。”汗水浇灌了他们军营中的青春岁月，带给他们的是一生难忘的回忆。军事现代化的大学生士兵把军营当作磨炼自己的阵地，把当兵当作历练自己的机遇，他们的人生刻上军营的印记，他们的奋斗更有韵律。

青春的学子们需要榜样，榜样给予的力量催人奋进，于是，我们出版这套《闪亮的日子，青春该有的模样》丛书，分为《大学生基层就业典型人物事迹》《大学生创业典型人物事迹》和《大学生征兵入伍典型人物事迹》三册。

青春风华正茂，中国正值青春。我们将一百多位大学生扎根基层、创新创业和应征入伍的青春故事记录下来，把他们青春闪亮的日子记录下来，还原大学生青春该有的模样。正如习总书记的嘱托："广大青年既是追梦者，也是圆梦人。追梦需要激情和理想，圆梦需要奋斗和奉献。广大青年应该在奋斗中释放青春激情、追逐青春理想，以青春之我、奋斗之我，为民族复兴铺路架桥，为祖国建设添砖加瓦。"

编 者
2018 年 5 月

目　录

北　京

天　津

河　北

山　西

江 苏

浙 江

江 西

河 南

湖　南

广　东

广　西

四　川

贵　州

重　庆

甘　肃

海　南

北 京

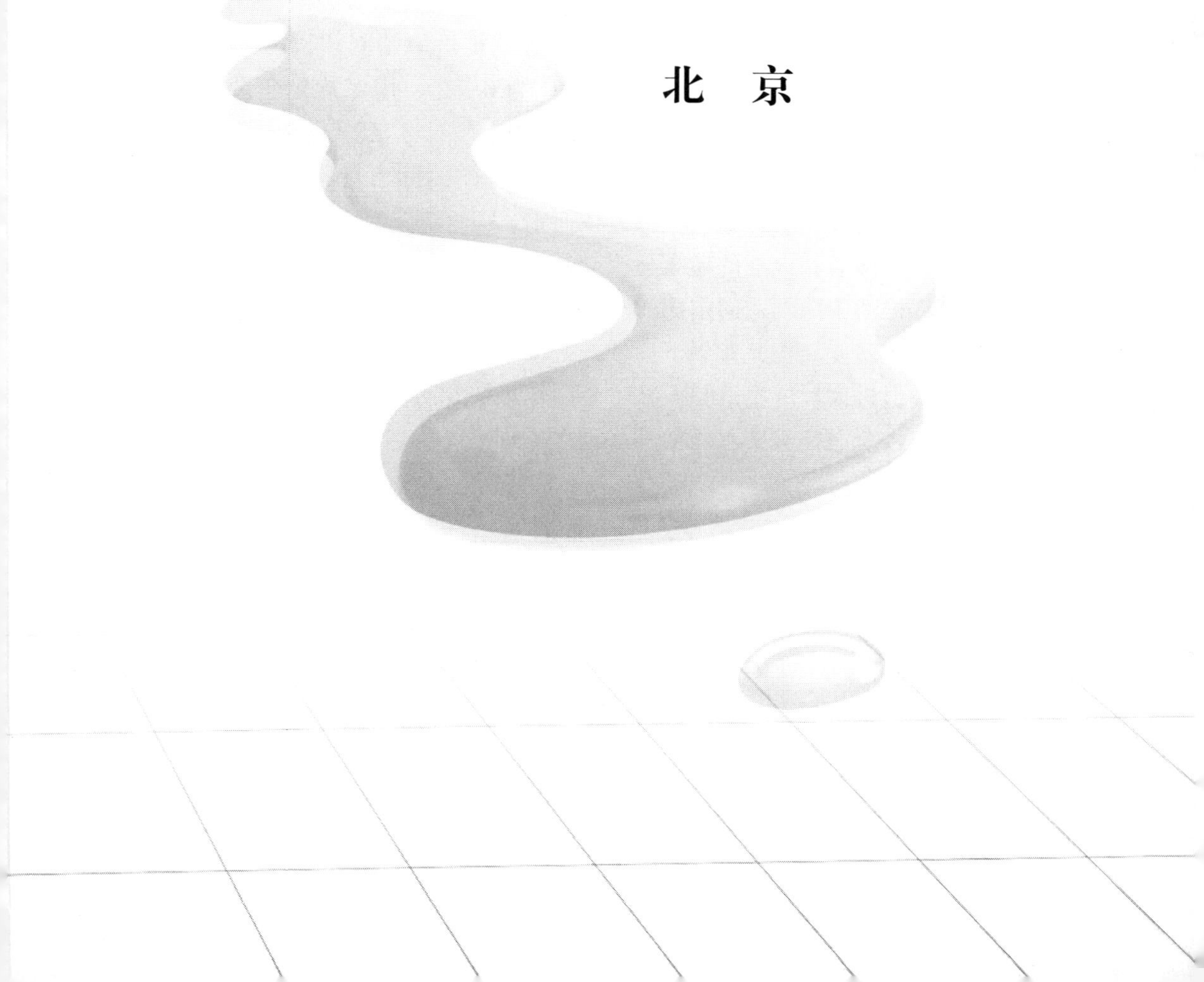

梦想在，创业还在继续

——北京大学李晟创业事迹

一、引言

1. 建立标准才能提升质量

我本人是在清华读本科，法律专业；美国加州大学法学硕士，现在北大读法学博士。

美国硕士毕业后曾任必维消费品事业部美西大区战略部副总经理，负责美西地区实验室合规审核、技术标准申报和测试能力并购整合。在国外3年的工作经历中，我关注只有建立标准技术规范才能推进原始创新、转化吸收创新。中国主导制定并发布的标准在国际上占比为0.7%，国家规定争取到“十三五”末，中国主导制定并发布的标准要突破0.7%，达到1.5%。标准是一个国家软实力和硬实力的综合体现。让更大范围的国际市场接受和采用中国标准，是一个提高我国国际话语权的具体抓手。

我深深地体会到标准的建立与规范是提升发展的质量和效益的关键，标准的建立可以推动中国制造向中国创造转变、中国速度向中国质量转变、中国产品向中国品牌转变。在此背景下，依托必维北美质量审核和标准技术研究的工作经验，我引进大尺度高清扫面技术、图像采集和防伪技术系统，传承家族企业——百年古玩老字号荣兴祥精神，创立了华力必维艺+1艺术品智能大数据品牌。

2. 法律人的情怀

法律人都是有情怀的，坚定所从事行业的价值追求。具体到我们行业、艺术品行业很乱，体现在两个方面：

其一，从市场上来看，80%都真伪难辨，搞不清楚真假；

其二，国家从来不缺鉴定大师，作品传承下来有自己的传承方法，曾记得参加清华校长杯讲的一个故事，《韩熙载夜宴图》上面有鉴宝大师23个印，代表后面有23位收藏家的收藏经历。我国台北“故宫博物院”和浙江省博物馆的《富春山居图》，有皇帝的题跋。钤印、题跋，著述、图录其实是对作品的信用背书、是作品的传承证明，让作品有序传承。但是现在很多人故意作假，以浑水摸鱼。这在我们法律人来看是有问题的、不能长久的，希望通过工作来改变。

二、创业历程

（一）创业之初

1. 遇到的问题、获得的帮助及解决方案和结果

最开始我们采集画作的时候是画上的葡萄，第一次拍摄的时候我们选葡萄上面的几个点，在复检的时候发现，由于画面上葡萄特别多，发现坐标的机械臂，它在葡萄之间来回切换，但是就是没有进行拍摄。最开始我们认为，是不是机械臂坏了，或者操作人员设置有问题，后来发现可能是葡萄的形状和颜色有一些雷同，所以电脑寻找这个点的时候就比较模糊了。

我记得 2015 年的上半年，我们用很长的时间在做这个测试，甚至期间我们几个合伙人都提出说这个方向是错误的，根本没办法达到市场满意的技术水平，怎么办？我们是放弃这件事，还是坚持下来。

1 厘米的实际距离在 200 倍放大下只有 0. 1 毫米，稍有偏差都找不到原来相同的点。再加上环境、光照等外部因素的影响，就更难了。

而我们团队唯一能做的就是不断改进光源系统算法，一次次实验。2017 年创造性研发、应用了超高显色指数和色温连续可调的创新光源的理论，使赫菲设备的图像识别系统跻身国际先进水平。华力必维以赫菲设备为代表的硬件销售引领服务布局，用核心服务扩展交易金融服务。硬件销售覆盖北京、广州等 8 个城市，到目前为止，华力必维已经面向北京画店、澄怀美术馆、寺库网在内的 10 余家机构提供了硬件销售。

2. 创业过程中遇到的几个关键节点

（1）以数据库为核心，坚持智能研发和数据服务双轮驱动

华力必维自 2014 年 3 月起开始建设艺术品鉴证数据，通过对中国版权协会艺术品鉴证备案中心的资产收购、北京国博鉴定中心的数据收购，截至目前，华力必维收购合并的艺术品鉴证数据量为 25 万件，鉴证备案数据涵盖书画、陶瓷、珠宝玉石等 9 大门类，为包括东方雍和国际版权交易中心、深圳文交所、北京文交所在内的数百家新型市场交易机构和北京画店、荣宝斋在内的千余家传统市场的交易机构提供服务。华力必维现有的艺术品鉴证数据，在国

内艺术品数据总量中排名第一。

（2）以硬件销售引领服务布局，用核心服务扩展交易金融服务

1）硬件研发、实验室建设情况

华力必维围绕光源技术、图像技术、溯源技术建立了研发计划，未来将在色彩还原棱镜技术、立体作品（陶瓷）溯源技术领域开展研发工作。已研发有赫菲Ⅱ代鉴证信息采集系统、提米桌面型鉴证信息采集系统等11款智能硬件，开发艺工美、艺测评等12款软件。针对以上智能硬件设备和软件华力必维申报了2项发明专利、23项实用新型专利和66项软件著作权。

截至2017年10月25日，华力必维在北京建设了艺+1艺术品鉴证中心标准实验室、华力必维艺+1珠宝玉石检测实验室、中国版权协会艺术品鉴证备案中心、艺+1（大兴）近现代书画鉴证中心实验室、艺+1（宋庄）当代书画鉴证中心实验室共五大实验室。

2）硬件销售情况，北京和全国布局

华力必维以硬件销售引领服务布局，用核心服务扩展交易金融服务。硬件销售覆盖北京、广州等8个城市，到目前为止，华力必维已经面向北京画店、澄怀美术馆、寺库网在内的10余家机构提供了硬件销售。

3）核心服务的发展带动交易金融服务

在硬件销售的基础上，华力必维积极拓展交易金融，围绕艺术品智能数据库体系，凭借华力必维优秀的鉴证鉴定资质、评估资质以及各项先进技术、合作实验室资源为艺术品市场一、二级交易商、艺术家等市场交易商提供艺术品的鉴证备案、鉴定评估等服务以及为资金融通提供凡此种种支持，另外艺+1还为艺术品金融机构提供相关鉴定评估服务，并与北京市文化科技融资担保有限公司、北京荣宝拍卖有限公司一同构建自己的艺术品质押贷款项目。

（3）抢占新兴市场60%，向传统市场重点企业下沉

艺+1的核心服务不仅迅速占领了艺术品交易新兴市场，也在新兴市场的带动下下沉至艺术交易传统市场——拍卖行、画廊、美术馆、典当行。截至2017年9月30日，我国有400多家的拍卖行，其中保利、嘉德、等顶级型拍卖行有13家，传统艺术市场的交易总量约为200亿人民币，截至2017年9月30日，华力必维已经签约荣宝拍卖、嘉禾拍卖等国内一线拍卖机构，仅荣宝拍卖2017年6月春拍收入7.7亿元，占当季国内拍卖市场的3.8%，艺+1通过龙头企业向传统艺术品交易市场扩展服务，未来三年将会占有12.8%，实现2300万元鉴证服务收入，借此服务为国内超过25亿元的传统拍卖交易提供

保真溯源的诚信保障。

（二）创业成果

1. 创业特色

（1）大数据服务填补艺术行业数据空白

艺术市场具有门槛高，信息不对称的特点。根据纽约时报中文网的统计，中国流通的艺术品中，有80%是赝品，20%是真品，为中国艺术市场贡献了三分之一拍卖收入的交易，事实上并不存在。眼学鉴定专家马未都说过，科技鉴定代替人眼鉴定的时代已经来临。艺术品的真伪及价值判定是刚需，但目前艺术行业90%的交易依靠眼学鉴定，10%是如国家珠宝玉石质量监督检验中心等国营仪器检测机构来鉴定。只有基于溯源的大数据服务，才能代替眼学和单一的仪器鉴定，传承艺术品价值及传承信息，解决艺术行业混乱的状况。

大数据是伴随着信息数据爆炸式增长和网络计算技术迅速发展而兴起的一个新型概念。在现实世界里，物质、能量、信息共同构成现实。在全球范围内，大数据领域投资将持续增长。前瞻产业研究院提供的《中国大数据产业发展前景与投资战略规划分析报告》指出，2014年大数据市场估摸达23.2亿元，同比增长107.14%。2015年大数据产业市场规模约为46.8亿元，同比增长依旧超过100%，达101.72%。未来，受政务大数据资源放开，政策进一步利好大数据发展影响，我国大数据市场仍将高速发展，预计到2020年时，大数据市场规模可达454.33亿元，增长速度为20%。

北京华力必维文化服务有限公司是国内首家将大数据引入艺术品鉴证行业，并将艺术品鉴证行业的数据进行了整合的机构。公司致力于将艺+1打造为国内最大、品类最全的艺术品数据平台。通过使数据广泛应用于海关检验、工商验资、名家备案、资产评估、版权保护、司法鉴定、拍卖溯源等环节，带动艺术品市场的数据化。

（2）智能硬件研发是艺术品鉴证行业快速发展的必要条件

华力必维率先将智能硬件引入艺术品鉴证行业，通过自主研发的智能设备，自动取点、自动定位、大尺度采集信息改变了过去通过眼学专家、使用放大镜等手段对艺术品身份进行判别的状态。目前公司自主研发的手持检测设备，采集一副书画作品只需要5分钟，比市场眼学专家鉴定的时间平均缩短了1个小时；X荧光光谱仪采集陶瓷元素数据信息只需要1.5分钟，智能设备对物品检测的精准度达到97.7%，客户满意度达到96.8%。

2. 产品优势

（1）图像技术——国内外现状及发展趋势

大尺幅高清扫描系统一直以来被用于扫描还原油画、国画、书籍、画册等艺术品。国内很多高清扫描仪采用高端数码相机作为图像采集设备，有效像素数有限，可以拍摄比较清晰的图片。但对于艺术品的高清扫描，其分辨率是不够的。因此，国内故宫等大型博物馆使用的大尺幅高清扫描仪主要是德国和意大利的进口设备。虽然，像德国 CRUSE 或意大利 METIS 这类扫描的清晰度可以满足要求，但是售价比较昂贵，通常在几百万元。另外，国内的高清扫描仪扫描尺幅比较小，在保障精度的前提下，扫描范围通常在 1500 毫米以下。而我们研发的大尺幅高清扫描仪扫描范围超过 3000 毫米，而且还有很大的扩展空间，这个幅面不但远超国内的扫描设备，在国际上也是非常领先的。

此外，在图像拼接技术方面，国内设备通常需要人工去手动拼接，拼接的图片往往会出现形变。我们研发的大尺幅高清扫描仪通过算法由电脑自动完成图片拼接工作，过程中图片不会出现形变，可一次定稿。

为适应艺术品复制，高档装饰画，高端艺术装饰品进万家、高雅文化大众化、提升国人文化素养的需求；华力必维研发团队以先进的图像数字化和操作人性化的设计思想，采用电子数码、光学成像、智能控制等新技术，自主研发的高性价比、高效简洁、精准可靠的大幅面彩色扫描设备，从技术参数可以与国外设备相媲美，部分参数甚至可以超越国外同类设备，走在世界前列，且价格上远低于国外设备，具有很大的优势。

（2）溯源技术国内外现状及发展趋势

图像比对与图像识别技术是全球各大企业研究的一个重点方向，应用的方向各式各样，例如，微观特征定位、特征信息比对、图像拼接、三维建模、指纹与人脸识别、物体识别、机器人定位与导航、手势识别、视频跟踪、笔记鉴定、犯罪现场特征提取等，应用的算法也有很多，有谷歌使用的感知哈希算法、非常经典的图像匹配 SIFT 算法，以及华力必维基于 SIFT 算法改进的图形比对算法。

由于参考图像和待比较的图像可能因为图像拍摄过程中的光照和抖动的原因，产生图像的集合畸变和噪声，这些畸变和噪声会对比较的结果产生很大的影响，如何减小畸变和噪声的影响是图像比对的难点。另外，由于参考图像与匹配的图像可能会出现重叠比例不是全画幅，正确的图像可能被大量的非匹配特征图像干扰，如何有效地找到匹配的特征，这在图像处理及比对方面是世界性难题。

为此，我们着重分析了经典的 SIFT（Scale - invariant feature transform 尺度不变特征转换）算法的基本原理和实现方案。并在此基础上提出了一种改进的基于 SIFT 特征点的图像匹配算法，该算法借助 SIFT 特征的多尺度特性，解决了 Harris 特征对于尺度变化敏感的问题。同时，我们对特征点的提取方法进行了改进，预先去除了部分较不稳定的特征点，提高了匹配的速度和正确匹配的概率。实验结果证明该算法对于旋转、尺度变化均具有不变性，影像噪声对比对结果的影响减小了 25%，且匹配速度比改进前提高了 60%，超过预期的效果。

国内外主流图形识别比对算法参数对比如下：

算法名称	基于 SIFT 的图形比对算法（华力必维）	感知哈希算法（谷歌）	SIFT 匹配算法（经典图像匹配算法）
适用范围	微观特征定位、特征信息比对、图像拼接、三维建模、指纹与人脸识别、物体识别、机器人定位与导航、手势识别、视频跟踪、笔记鉴定、犯罪现场特征提取。（范围更广）	图像识别、图像检索、影像完整性验证。	图像拼接、三维建模、指纹与人脸识别、物体识别、机器人定位与导航、手势识别、视频跟踪、笔记鉴定、犯罪现场特征提取。
图片匹配率	极高（识别率更高）	高	高
抗畸变能力	高（抗畸变能力好）	一般	高
抗噪声能力	高（抗噪声能力好）	高	高
对光照及色彩要求	低（要求更低）	一般	一般
图片匹配速度	极快（速度更快）	较快	较快
部分物体遮蔽侦测率	好（对遮蔽兼容好）	一般	好

（3）防伪技术国内外现状及发展趋势

鉴于社会公共安全、商业安全防伪的需求和流通领域假冒商品日益猖獗的严峻形势，国内外防伪技术近几十年来一直在迅速发展。随着我国社会主义市场经济的发展，防伪技术作为预防和打击假冒伪劣产品，保护企业和消费者利益的重要措施，企业的防伪意识正在日渐加强。

在国内外有很多的企业都在研究防伪溯源技术，所使用的技术也各式各样。目前常见防伪技术有以下几类：以激光防伪为代表的防伪产品、查询式数码防伪标签类的防伪产品、纹理防伪标签类的防伪产品、基于安全线防伪纸技术的防伪产品、热敏/湿敏类防伪产品、基于微观特征防伪产品以及基于移动互联网的防伪技术等防伪产品。这些防伪产品中有些本身防伪效果不佳，容易被仿制。有些防伪效果不错，但是验证时需要借助专业仪器，且认证过程繁琐。以激光防伪技术为例，美国于1963年在世界上首次发明了“激光防伪”印刷技术，在当时，为世界的“防伪”业做出了很大贡献。由于这种技术采用了通用印刷设备，设备造价低，制版简单，原材料成本低和技术的简单性，使其在短短的30多年时间内，世界各国已全部掌握并发展应用了此项技术。自1990年起，激光防伪技术被应用于我国防伪业，由于技术转让费低，投资简单，短短两三年内中国如雨后春笋般冒出了4000多家激光防伪产品生产厂家。由于这些防伪产品生产厂家的泛滥成灾，使得激光防伪技术已没有什么技术门槛，很容易被仿制。

再如基于微观特征的防伪技术，通过使用专用的放大设备对商品进行局部放大，把提取到的商品微观信息以及微观特征坐标信息一同存入数据库中。验证的时候再使用专用的放大设备参照之前存入的坐标低点重新提取商品的微观信息，并与数据库中存储的信息进行比对，最终判断商品的真伪。这种方法虽然安全性很高，但是需要借助专业设备来备案和验证，消费者很难直观的做出判断。

由于艺术品市场的交易品的真伪判断，更多地依靠专家的标型学鉴定方式来作出判断。因此，防伪溯源技术在艺术品交易市场被应用得还较少，且针对艺术品交易市场的防伪溯源技术也还较少。为了改变艺术品交易市场防伪溯源技术相对落后的现象，帮助艺术品交易市场防伪溯源技术实现弯道超车，华力必维联合法国Prooftag公司共同打造了国际唯一一种使用聚合物材料制作的，有效期超过百年的防伪标签，防伪效力极高的，消费者可通过肉眼直接辨别的防伪溯源标签。该溯源防伪标签通过使用一种半透明聚合物材料的物理反应，随机生成很多组气泡，且这些气泡在三维空间内每一组都第一无二，即使华力必维和Prooftag公司也无法复制。

国内艺术品交易市场主要防伪溯源系统参数对比如下：

防伪技术	ArtTrust 气泡标签（华力必维）	基于微观特征比对的防伪技术	激光防伪技术
防伪效力	极强	强	弱
保存周期	极长	长	一般
对环境要求	低	较高	一般
检验难度	低	高	低

3. 市场覆盖

华力必维目前管理北京地区近现代书画、当代书画、陶瓷、钱币、珠宝玉石5家实验室，签约故宫、国博等300余名权威资质专家，可以提供艺术品各项测试864项，覆盖市场主要检测需求。过去4年里，艺+1已为包括北京画店、荣宝斋在内的千余家大型画廊、拍卖行，上百家交易所和数万家交易机构提供了鉴证服务，使艺术品鉴证根植艺术市场的核心部分。

2017年华力必维先后在昆山、嘉兴、深圳、银川、太原、广州成立子公司，将艺术品鉴证业务布局全中国。

另外华力必维在银川、南京、马拉西亚吉隆坡、泰国曼谷四座一带一路重点城市设立了分公司，开展民间文物征集备案、古建筑数字建模、南海海捞瓷溯源文物回流，用实际行动践行一带一路“文化走出去”。

4. 融资情况

公司已获得北京文投集团领投的千余万A轮融资。正在筹备新三板挂牌。

5. 专利、著作权、商标、奖项荣誉、资质

（1）公司拥有专利25项，著作权1项。公司拥有商标5项。

（2）华力必维获得国家质检总局、原国家新闻出版广电总局、北京市文化局等七大部委八项资质授权，是国内最大的权威、公正、科学的艺术品智能大数据服务机构。2016年成为中国检验检疫学会全国首批艺术品鉴证质量溯源机构，2016年全资收购中国版权协会艺术品鉴证备案中心，成为北京市文化局首批试点艺术品鉴定机构，2017年获得国家文物局民间文物征集备案唯一授权，是国内唯一实现一次鉴证信息采集，同时颁发三大国家级数据库证书的“三证合一”权威机构，数据库与国家博物馆鉴定中心、北京东方雍和国际版权交易中心完全打通共享。华力必维独家通过ISO9001质量管理体系认证，参与申报国内首个艺术品鉴证标准《艺术品鉴证质量溯源规程 总则》等16件国家标准和团体标准。

（3）奖项荣誉

公司获得荣誉如下：

2016年8月20日，李晟携艺+1项目获得“华夏银行杯”北京首届创新创意创业大赛总决赛第七名。

2016年10月14日，李晟携艺+1项目参加北京银行－太库杯中国－北京创新创业大赛季（2016）总决赛36强，获优秀项目奖。

2016年10月26日，李晟携艺+1项目参加北京市文资办主办的“最具投

资价值文化创意企业评选”活动，入围北京市最具投资价值文化创意企业50强。

2016年10月27日，李晟参加中关村U30（30岁以下的优秀青年创业者）比赛，获得优胜奖，受到了创业导师的广泛好评。

2016年11月9日，李晟参加北京市高校大学生优秀创业团队大赛荣获一等奖。

2016年11月21日，李晟携艺+1项目参加第三届“创青春”中国青年创新创业大赛（商工组）全国赛获得金奖。

2016年12月14日，李晟携艺+1项目参加由中国青年报社主办，时尚工美基金等承办的第二届“创业正当时”青年创业大赛荣获二等奖。

2016年12月，李晟创办的企业华力必维被评选为中关村第六批金种子工程企业。

2016年12月，李晟携艺+1项目参加“东升杯”国际创业大赛荣获二等奖。

（4）李晟作为一名致公党党员，多次获得致公党市委优秀党员荣誉称号

2017年5月，李晟获“北京市第八批优秀青年人才”表彰。

2016年12月，李晟被评选为北京市第十二批海聚工程特聘专家。

2016年12月，李晟被评选为朝阳区凤凰计划创业类高层次引进人才。

2015年9月，2017年2月，致公党员李晟获朝阳区优秀党员表彰。

2016年12月，李晟被评为中国致公党北京市委员会社会服务工作先进个人。

2017年3月，李晟被评为宣传思想理论工作先进个人。

2017年3月，青联委员李晟获朝阳区青联优秀委员、青春贡献奖、青春公益奖三项荣誉表彰。

2015 年 9 月，参加资助贵州罗甸中学优秀学生游学北京的爱心公益活动。

2015 年 11 月，李晟获青年职业成长助力计划优秀志愿者荣誉称号。

6. 公司扩张、经济效益、社会效益等

（1）艺 +1 是交易金融服务的领跑者

2016 年以来，艺 +1 一方面集中新兴艺术品交易鉴证服务的优势，下沉至以荣宝拍卖、北京画店为代表的传统拍卖和画廊市场；另一方面积极联合民生银行、北京文化担保和网信金融等艺术品金融机构，为创新的艺术品质押、保险等新业态提供鉴证服务，帮助艺术品实现金融价值，形成了交易金融服务的快速增长态势。

（2）艺 +1 的社会责任

艺 +1 关注传统文化保护和青年艺术发展与普及。通过承接北京市经信委艺工美软件平台项目，运用大数据为北京市 300 余位工美大师定制大师指数，建立国内首个 3D 工美展示平台，促进京津冀工美项目协同保护。艺 +1 多次捐赠支持各大美院、机构展览 100 余次，常年支持中国新闻网艺术中国青年画家万里行活动，通过为重点美术院校青年画家免费鉴证，帮助青年艺术家成长；2016 年艺 +1 鉴证多名荣宝斋签约画家实现作品原值质押。艺 +1 依托艺点评互联网平台，在 798 艺术中心、草场地等 10 大首都艺术区，服务近 40 万艺术学生免费上传作品实现快速版权保护，全程呵护青年艺术人才成长。

（三）后期规划

未来三年，艺 +1 将充分发挥艺术品交易入口的价值，继续推进大数据与智能硬件双轮驱动的高速增长，分两步实现艺术品诚信市场体系的构建。

1. 第一步：构建共享交易机制（2018 年 2 月至 2019 年 9 月）

这一阶段艺 +1 将积极推进共享交易机制，将来自一级、二级等艺术市场不同类型、不同新业态的艺术交易主体连接起来，实现交易机构间艺术品认证信息互认，构建以智能大数据为核心的艺术共享市场。主要任务包括，继续完善艺术品鉴证标准体系建设，完成新设备的研发，打造覆盖全国的全品类艺术品鉴证实验室，扩充数据库至 80 万件。

凭借标准、技术、数据及市场渠道优势，艺 +1 将实现艺术品交易所、电商等新兴市场占有率突破 80%；同时下沉至传统艺术市场，包括画廊、拍卖机构、美术馆，实现 50% 市场占有率。申报艺术品鉴证司法鉴定资质，在 2018 年上半年挂牌新三板股权交易市场，2018 年实现 3000 万元营业额。

2. 第二步：完善诚信艺术市场体系（2019 年 9 月至 2021 年 1 月）

此阶段主要任务是推进艺术品诚信市场机制建设。艺 +1 以智能大数据为核心，凭借数据基础和渠道优势，通过鉴证服务和多层次认证体系，打通传统交易和新业态的壁垒，让拍卖、画廊等传统交易模式与文交所、电商等新业态无缝连接，建立艺术品融资融通全领域平台，建成跨平台的艺术集中交易市场，实现艺术交易金融领域市场占有率超过 80%，以 2.2 亿元的 2021 年营收转板创业板市场。

三、创业感悟

以前在国外工作的时候，工作和生活是可以分开的，下班后，只要电脑一关，文件夹一合，再多的烦恼都烟消云散了。但是自己创业以后，发现这个压力是实实在在的，如果问题摆在那里不解决，半夜醒来之后仍然是魂牵梦萦的一个状态，所以就一定要想办法解决问题，因为问题不解决，积累越多，就会成为我们发展成长中的这种巨大的障碍。而这种对企业创始人来讲，是对内心的一个很大的磨炼。

创业路上会经历很多，而这些经历在不断丰富着我们的人生。

公司快成立 4 周年了，记得在创办公司一周年的时候，当时公司很困难，没有足够资金给大家发年终奖，只给每人发了“梦想券”——就是在每张纸上写了“一千元”的数字。数字只是象征，目的是想鼓励大家一起往前走，等 1 年、2 年、5 年后，艺 +1 还在，大家还在，还能为共同的梦想一起奋斗。2017 年我们获得文投集团领投的千万 A 轮融资，团队也由最初 5 人发展成现在的 30 人。梦想在，创业还在继续。

（北京高校毕业生就业指导中心供稿）

赏心悦沐，羽众不同

——清华大学李启章创业事迹

一、项目背景

空气洗手项目是团队在本科阶段的一个参赛作品，从最开始的项目组成立进行研发到现在的项目成果转换，也差不多有两年多的时间了。其实最开始并不是冲着创业而做的项目，而是纯粹地想要参加一个科技类比赛。

在项目研发的过程中，我们也实实在在地了解到国内的水资源短缺现状，更认识到现在节水技术的低效与不足，而空气洗手通过“以气代水”的节水理念和巧妙的技术设计，实现了在保证清洗效果下的超高效节水效益，这是传统节水方式与节水技术所远远不能达到的，因此我们坚信，空气洗手具有改变人们用水方式的巨大潜力。

正是由于空气洗手相比传统清洗方式的巨大优势，我们也在一系列的比赛中势如破竹，先是拿到了全国大学生节能减排竞赛的最高荣誉——特等奖，又在随后的第二届全球重大挑战峰会中，击败了来自 MIT、剑桥、帝国理工、杜克等全球十四支世界顶尖名校的高校创业团队，获得了比赛的唯一金奖，不仅如此，我们也在 2016 年的日内瓦国际发明展中一举拿下了展会的最高金奖和特别大奖。其中，让我们受益最大的，不是这些荣誉本身，而是在其背后，国内外的专家评委们对于我们项目的社会效益与经济效益的认可！

成员们不希望让这个项目仅止步于参赛，因此我们决定带着这个项目，走上科技创业之路。我也一直坚信，空气洗手在未来能够改变人们用水方式，并且不仅仅是在水龙头领域，该技术在其他清洗领域也将有着巨大的市场空间和发展潜力。

二、一个诞生于食堂的突发奇想

大三时，团队负责人李启章组建团队报名参加了“大学生节能减排科技竞赛”。当年 10 月，正是队员们为项目选题集思广益的时候。有一天，团队成员在食堂吃饭时，看到身边有同学在用水洗手，“用水洗手多浪费啊，为什么不用空气来洗手呢?”有人开起了脑洞。没想到，这个听上去有点儿不着调的大胆想法却得到了大家的一致响应。“是啊，谁说空气不能洗手呢?”于是乎，就是这样一个在食堂里偶然萌生的想法——“空气洗手”，成为这些成员此后一整年的忙碌重心。

空气洗手，这个想法乍一听起来很荒诞，但是如果能够实现的话，无疑将产生巨大的价值。通过前期的文献调研可知，我们了解到水流在清洗过程中主要起到溶解污渍、冲刷污渍两个作用。成员们通过研究发现，洗手过程中，仅有5%的水用于溶解手上的污渍，95%的水都用于冲走污渍。那么，能否用空气流体替代这些用于冲洗的水呢？对于队员们来说，整个项目需要解决两大核心问题：一是气从哪里来？二是气水该怎么混合？相对应的，他们就要设计出合理的气源模块以及雾化结构。只有这两个问题解决了，整个装置才能打造出良好的雾化效果，从而实现清洗和节水的目的。

三、挑战不可能，让脑洞变为现实

首先要解决一个疑问，气水混合的方式是否真的能实现清洗呢？团队成员们设计了自己的验证方案，便一头扎进了实验室里。除了上课、吃饭、睡觉，其余所有的时间都在进行项目研发，一整年的时间都待在实验室里。所有的实验都得队员们亲自上阵，大家都是轮流洗手。大冬天里，受到实验场所的限制，每个人得自带热水，然而水量敌不过一次次反复的“折腾”，最后只能冷水上阵。一个多月的实验期，通过检测不同工况下不同污渍的清洗效果，团队验证了这个方向的可行性。

洗是能洗干净，但是离大家预设的理想状态还有不少差距。比如，清洗体验就有待完善，不是气压太大给手部带来疼痛感，就是雾化效果不佳，让人有水滴直接打在手上的感觉。这些直观显示出来的问题需要对装置进行进一步的优化，而关键就在于雾化结构的调整。因为装置的清洗效果与雾化效果直接相关，水雾的细密程度、雾状的张角、水滴的粒径等直接决定了清洗的覆盖面积等，从而影响到清洗效果。

一开始，团队针对项目所需要的特定使用场景，试图从市面上选取可行的雾化技术；而后来发现这方面其实意味着很多创造性的工作。因为装置是在低压的工况下运行，所以对市面上的雾化结构需要进行重新设计和优化。

对于空气洗手装置而言，整个装置核心的雾化模块有多个核心零件，不同零件又有不同的参数，雾化效果不好，我们就需要对这个结构进行分析，是哪个参数出了问题，还是气水混合得不够充分。而要做这样的定位，可能意味着几百、甚至上千种组合方案的逐一测试。其中的一大困扰就是漫长的工期，一般零件的加工周期就要两个星期，这样一来，产品的优化需要大量的时间成本。最终，实验团队花了近两年的时间、做了几千次实验，完成低压高效雾化技术的研发与优化——高速气流代替水发挥清洗过程的机械作用带走污渍，细密的水雾发挥溶解作用，两者协同完成高效清洗，实现 90% 的平均洗手节水率，节水效果远优于当前市面上的其他节水产品，且能提供良好的清洗效果与舒适便捷的用户体验。

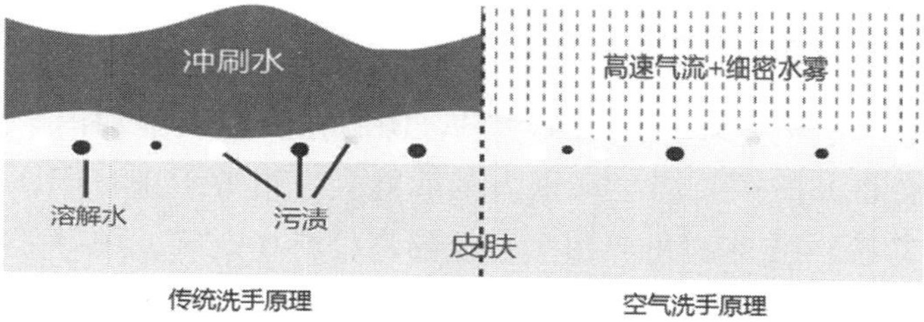

空气洗手装置原理

四、全球首创，技术领先

沐羽科技是空气清洗的创造者，也是这个领域现在唯一的公司，所以在空气清洗方面具有绝对的优势。目前市场上主要有普通水龙头和节水水龙头两大类型。其中节水龙头又分为：感应龙头、延时龙头、充气式龙头。现有产品的节水原理均为减少单位面积的出水量，但会导致洗手效果欠佳，且节水效果有限，耗水量居高难下，难以在根本上解决耗水问题。所以，市场急需一款节水效率高，清洗效果好的产品。而空气洗手装置的出现不仅能够实现极佳的节水效益，也满足了不同用户对于水龙头的需求，具有极大的市场推广前景。与其他产品相比，空气洗手装置具备以下优势。

1. 节水效果拔群

本产品对于绝大部分污渍的清洗能实现 90% 的超高节水率，节水效果远优于当前市面上的其他节水产品，且能提供良好的清洗效果与舒适便捷的用户体验。

2. 技术领先

采用自主研发的低压高效雾化技术，实现在低压工况下极佳的雾化效果，清洗效果良好，洗手体验舒适。

3. 使用便捷

产品的使用方式与传统红外感应水龙头完全一致，伸手感应即可实现功能开启，因此不需要培训用户新的使用习惯，使用便捷。

4. 兼容性强

空气洗手装置采用模块化设计，可兼容市面上所有的洗手台盆，不需对场地进行任何改造，安装、维修十分方便。

五、重新启航，整装待发

项目研发完成后，团队斩获了第八届全国大学生节能减排社会实践与科技竞赛最高荣誉——特等奖！2015 年 9 月，团队代表中国参加由中、英、美三国工程院联合举办的第二届全球重大挑战峰会，击败了来自 MIT、剑桥、杜克、帝国理工等 14 支来自世界顶尖名校的高校科技团队，获得了峰会的唯一金奖！这次比赛是团队第一次接触带有商业性质的活动，来自世界各地的专家和投资人们对空气洗手项目的认可与肯定也坚定了我们走上创业之路的信心和决心。

2016 年 4 月，团队远赴日内瓦参加第 44 届日内瓦国际发明展，并一举斩获了展会的最高金奖和特别大奖。本项目也成了这一届会展中最受欢迎的项目之一，展会当场更是有来自欧洲各国的意向代理商开出了数百万元的订单，这也让我们看到了产品在外海将会有更广阔的市场空间。

除了这些国际赛事的奖项之外，我们也获得过一些国内创新创业赛事的荣誉，主要如表所示。

本项目部分获奖荣誉

获奖时间	赛事名称	获奖等级
2015.08	第八届全国大学生节能减排社会实践与科技竞赛	特等奖
2016.05	“创青春”浙江省第十届“挑战杯”大学生创业大赛	金奖
2016.10	第二届“互联网+”大学生创新创业大赛全国赛	金奖 & 最佳创意奖
2016.11	“昆山杯”第十八届清华大学创业大赛	冠军
2017.04	第二届清华校友三创大赛	种子组第二名
2017.05	2017 年北京市门头沟创新创意创业大赛	一等奖
2017.06	清华大学“校长杯”创新创业大赛	第二名，获创新奖
2017.09	2017 年北京地区高校大学生优秀创业团队评比	一等奖
2017.09	环境友好科技大赛	一等奖
2017.09	创意创新在银川大赛	一等奖

在这些荣誉的背后，得益于我们团队自主拥有多项专利；自公司成立以来，通过不断地技术迭代优化来加快抢占知识产权高地，目前已提交了近二十项专利申请，其中包括 5 项发明型专利和 7 项实用新型专利，涵盖了从技术原理框架、产品结构、系统方案等多层次的技术维度，对公司的产品和技术进行了多重保护和全面覆盖。此外，我们产品在国内和国际上都是完全首创的，因此我们在国际的 PCT 专利申请上具有足够的优先权，这也就意味将来有能力在全球的任何一个国家和地区进行产品投放，并设立相关的专利保护。我们相信，在海外将会有一片更广阔的市场。

2017 年 6 月 1 日，项目负责人李启章带领团队开始创业之路，以“空气洗手”技术为支撑的北京沐羽科技公司正式成立，以“科技创新推动产品革新”为公司核心理念，主营自主研发的超高效节水清洗技术和产品。公司成立半年多的时间，通过广纳贤才，形成了一支既具有年轻创新活力，又具有资深行业背景的综合型团队，其中不乏来自在科勒集团任职十余年的高级研发工程师、业内上市公司的全国销售总监等业内顶尖人才。

2017 年 8 月，公司开启了空气洗手装置在北京市的试点工作，目前已经在北京富士康厂区、清华大学创业启航基地、清华大学、银川市金凤区等场所完成了产品的试点安装和使用。目前在产品尚未上市阶段，就已与国内十余位客户达成样板工程合作项目，其中包括国资委下属文资办——新华 1949 国际创意设计产业园、厕所革命（深圳）工程等国家重点支持项目。与此同时，产品也将同步启动海外推广工作，并已取得多位海外客户的主动联系。在本月底，将会有一支德国客户团专程抵达中国进行合作洽谈；“空气洗手”已经受到人民网、环球网、新华网、网易、搜狐等主流媒体报道，并于 2018 年 1 月登陆北京卫视《创意中国》。

2017 年年底，空气洗手产品正式结束研发阶段，并且现已全面完成了产品设计开发工作，目前已在投入开模量产，产品预计今年 5 月正式量产上市。

公司于 2017 年 10 月完成了第一轮融资，这笔资金对于公司团队的组建，产品的研发及生产起到了至关重要的作用。同时，公司将于今年 3 月份启动天使轮融资，从而为产品的量产上市提供充足的资金储备。

六、蓝海市场，市场广阔

洗手作为日常生活中最常见的用水方式之一，蕴含了巨大的节水空间。公司依据“空气洗手装置”自身极高节水性的特点，将产品投放市场定位为公共场所，并首先以与政府合作作为切入点，积极参与城市基础设施建设工程。特别地，主要以车站、景区、商场及学校为代表的人流量密度大，洗手频次高的公共场所及高铁、飞机等移动公共交通场所。下面就本产品具体的市场空间和规模进行举例分析。

1. 交通站

全国共有机场 160 余座，动/火车/地铁站 1500 余座。预计投放市场规模达 60 万台。

2. 景区

全国 1A－5A 级景区分别为 128 家、1661 家、1840 家、1814 家和 130 家，预计投放市场规模共计 150 万台。

3. 商场

全国共有大型商场 7000 余家，预计投放市场规模达 150 万台。

4. 高校

全国高校数量为 2824 所，高校师生素质较高、生活用水量很大、预计投放市场规模达 400 万台。

5. 医院

全国共有三级医院 11399 个，二级医院 6468 个，一级医院 5636 个，预计投放市场规模达 180 万台。

6. 路边公用卫生间

全国目前有县级区规划数 2852 个公用卫生间，预计投放市场规模至少在 60 万台。

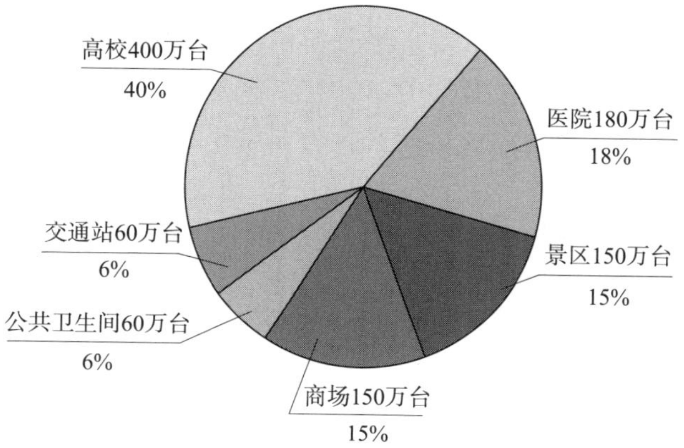

空气洗手装置国内市场分布

总体而言，本产品的市场空间和规模巨大，预计在全国范围内的高人流公共场所实现普及后，总投放市场规模将接近 1000 万台。

七、绿色科技，极致环保

根据 LCC 成本评价，对于车站、服务区等公共场所，空气洗手装置均可在投入使用后的 8 个月内收回所有投入成本（按售价 2000 元计）。

产品经济效益表（以北京南站使用情境为例）

单个龙头使用频次		120 次/小时	
有效使用时段		7：00—23：00	
普通洗手装置		空气洗手装置	
单次洗手用水量	1000ml	单次洗手用水量	100ml
耗电功率	0W	耗电功率	80W
年用水总量	514 吨	年用水总量	51.4 吨
年洗手水费	3870 元	年洗手水费	387 元
节约水费支出		3210 元/年	
一次性更换装置成本回收周期		8 个月	

由此可见，空气洗手装置具有极大的节能减排效益、经济效益以及强大的市场竞争力和推广性，投资周期短，因而极具市场前景。

八、坚持创新，颠覆传统

北京沐羽科技有限公司始终专注于超高效节水清洗技术和产品的研发与推广，以“科技创新推动产品革新”为公司核心理念，以具有90%节水率的超高效清洗产品“空气洗手装置”切入市场，同时结合市场需求进行产品的纵向延伸与横向拓展。就国内市场而言，公司将采用由点及面的辐射式发展方式，公司发展前两年，将专注于水龙头领域，通过组建以年轻硕博士、有经验的研发工程师为主的创新型研发团队，进一步加强技术开发，陆续推出带有其他功能的综合性中高端产品。新系列产品将向“更环保”“更健康”“更智能”的方向发展，以迎合市场的需求与用户的痛点，并将目标市场从B端逐步转向C端私人家装场所，扩大产品线与市场占有率。之后将技术拓展到淋浴、洗车、工业等多个领域，实现节水技术的全面突破，从而确立和巩固公司在节水清洗领域的地位；同时所有产品线的全方位、全球化布局也在同期开展，为今后产品的海外推广甚至相关知识产权区域垄断奠定充足的基础。

团队合影

团队负责人

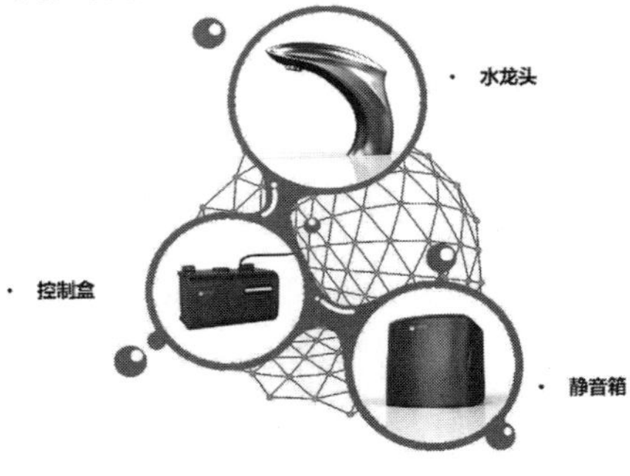

产品模块设计

现场渲染效果

水龙头外观设计

静音箱外观设计

控制盒外观设计

现场渲染

九、不忘初心，砥砺前行

创业是一个漫长而艰辛的过程，这个过程充满了未知和风险，即使有了一个看起来非常好的创业想法，但把他转化为一个成功的商业模式需要经历很多挫折和磨难。产品是创业公司的核心，没有产品谈不上创业，而金钱、时间、人就是帮助产品上市的重要驱动，这四个因素相辅相成，相互影响，只要有一个因素出现了问题可能就会导致全军覆没。

创业对人也提出了很高的要求，除了身体上还有精神上的，它需要你拥有健康的身体，顽强的毅力、清醒的头脑、快速学习的能力、抗压的能力、良好的心态等，因为你会面临各种突发的情况，这些情况有可能是你从没有遇见的，这需要你能从这些问题中理清思路，找出问题的关键点并高效处理掉，从中不断总结经验，快速的让自己成长，适应公司的发展速度。

虽然创业充满了未知，但我们始终相信空气洗手是一款足以改写卫浴节水技术历史的产品，我们也将不忘初心，砥砺前行，在所有团队成员的努力下，共同打造一款伟大的产品，一起见证一个个颠覆性产品与技术的诞生！

（北京高校毕业生就业指导中心供稿）

不老尚品，农产品区域品牌整体解决方案

——中央民族大学孟炳淋创业事迹

北京不老尚品农业科技有限公司的负责人孟炳淋，2013 年 7 毕业于中央民族大学美术学院油画系本科，获文学学士学位。同时参加大学生村官工作，就职于北京市密云区不老屯镇学艺厂村，担任村党支部书记助理、村团支部书记，并于 2015 年 12 月，通过公推直选的方式，全票入选为村党支部委员。

在出色完成村官本职工作的基础上，通过入户走访，积极了解村民的生活现状，以“为村民服务、谋利益”为出发点，结合村域实际情况和当前市场发展趋势，为解决村域的特色农副产品销售困难的局面，通过管理村合作社运营，于 2013 年 8 月自筹资金注册成立“不老尚品——山里农家”淘宝店，把村民的菜篮子搬上了网。这样做一方面能快速地将货物运送到城市，及时地为村民带来可观的经济收入；另一方面能为村民提供很好的销售保障，促进村域合作社有效运行，推动村域经济可持续发展。

本着踏踏实实为农民做点事，带动村民增收致富的初衷，孟炳淋联合在校大学生创业者和多位青年创业领袖开启了自主创业的历程。基于近两年的互联网市场的培育，孟炳淋带领团队筹资 20 万元于 2015 年 1 月注册成立北京不老尚品农业科技有限公司，建立不老屯镇域独特农产品品牌——不老尚品，专注区域品牌建设，提高产品附加值。并充分利用互联网平台，实现淘宝企业店 1 家、公众号服务平台、微商城、第三方平台合作 4 家、分销代理 20 家、社区配送点 4 个正常运营。公司始终秉承“服务三农、培育新农人、建设新农村”的宗旨，专注农村农产品区域品牌建设，围绕农产品区域差异化品牌建设，优化品质监控体系，疏通用户体验渠道；优化区域农业结构，带动村民增收致富，实现区域农业创新和可持续发

展。2015年度，公司开发独立品牌产品二十余款，拥有2000+的平台社区客户，累计销售额86.2万元，实现区域30余户村民增收上万元，增收幅度提高15%～20%，覆盖区域2个乡镇、5个自然村庄，走出了一条时尚的增收路，得到了CCTV、BTV、CNB、北京日报、新京报等多家主流媒体的专题报道。

近年来，农产品电商发展很快，成为电商消费的新热点，农产品区域品牌建设的重要性也日益凸显。公司主营业务为农产品区域品牌整体解决方案项目，提供从品牌创立到品牌打造再到实现品牌迭代；从农产品电商销售到提升农产品区域品牌美誉度再到开发增值服务的一体化；全方位农产品区域品牌整体解决方案。目前，公司已经完成了“产品—仓储物流—品牌包装—终端消费—售后服务”体系建设和各岗位合理配置，实现了“公司+合作社+农户+平台品牌+消费者”的无缝对接，完善了山区与外界互动的平台和渠道，实现产品从源产地到餐桌的直接供应。公司在解决区域内农产品滞销痛点，提高农产品附加值，进而实现助农增收的同时，通过农产品区域品牌建设，市场反哺区域产品基地建设，大数据引导优化区域农业结构，带动了区域农业现代化发展，推动了基层农业供给侧结构性改革和全要素生产率的提升，促进了区域乡村民俗旅游、文化产业及相关产业的发展。

如今，消费者对于食品营养、健康的要求越来越高，健康、原生态、无公害的绿色农产品消费市场潜力巨大。本公司的目标群体为北京市居民，他们注重养生之道，注重饮食安全、崇尚健康、便捷的生活，经常购买生活所需的健康安全的农副产品。不老尚品作为新型的农产品区域品牌整体解决方案供应商，着力打造农产品电商品牌系统工程，提升农产品电商品牌丰满度，其积极的经营理念、多元化的服务，拥有明显市场优势。相信，不老尚品将会走入越来越多人的健康生活，引领健康生活新风尚。

公司以北京密云北部不老屯镇为典型代表，以优质农产品为载体，通过“公司+合作社+农户”三维垂直管理，实现资源数据化、产品品牌化、渠道多元化、服务人性化的农业发展新模式。公司初期目标顾客定位于北京市民，随着产品规模的扩大及销售量的上升，不老尚品开展了产品销售渠道的多样化建设。在原有的淘宝、微店、第三方平台的基础上，成功增加了自媒体、电视台销售等线上销售渠道，年销售额突破15万元；除企业、个人采购等的传统渠道外，还开创了同城配送的线下渠道，主要开展社区配送，目前已与两家社区智能科技公司建立合作，在未来的一段时间内预计覆盖北京及周边城市30家密集用户社区。不仅如此，不老尚品根据产品特质，采取预售的销售方式，形成立体化销售模式。

团队本着踏踏实实为农民做点事，带动村民增收致富的初衷开始了自主创业。在公司创始人兼CEO孟炳淋的带领下，团队通过加强对农户、合作社农产品质量管理、完善销售渠道等方式，实现了不老屯地区农产品区域品牌的有效管理。目前，公司核心团队成员5人、员工11人，拥有知名的专业技术人员和青年创业领袖、行业精英加入，共同进行项目建设。创业初期，公司主要业务集中在北京；未来将通过互联网平台和新媒体营销的线上方式，和通过可塑性的农村合作社、返乡成员青年建立乡村服务站的形式进行模式的推广，让一体化、全方位农产品区域品牌整体解决方案惠及更多农村、农业和农民，从而进一步提高公司的市场占有率和品牌影响力。同时将增值业务做大做稳，形成综合性多元化的发展道路。

公司注册资本为20万元，前期大部分由创业团队资金入股，目前，公司法人占股80%，团队其他核心成员（包括技术人员和销售团队）持股15%。三年内计划融资60万元~100万元，出让股份10%左右。公司运营一年已盈利53万元，预计未来3年的营业收入和利润将保持持续增长。公司初始投资额较小，总体风险较低，并且投资回收期较短，项目可行性强。针对预期的环境风险、市场风险、经营风险等，公司也采取了一系列可行性举措和完备的应急预案。

随着全国大学生村官规模的扩大，大学生村官正日益显示出其蓬勃的生命力和良好的发展前景，更成为“大众创新、万众创业”时代背景下双创的骨干力量，政府为大学生村官深入农村发展创业提供了许多有力的政策支持和制度保障。吸引和鼓励大学生到基层就业是国家的一项重大决策，也是社会主义新农村建设的一项新举措。选派大学毕业生到农村任职锻炼，为农村基层组织带来了生机和活力，推动了农村经济社会的发展，繁荣了农村文化建设。本创业团队正是大学生村官基层创新创业的典型代表。在这里，我们要感谢党和政府的大力支持，感谢不老屯镇乡亲父老的厚爱和帮助！

每一项事业可能当初仅仅开始于一个想法，付诸实践后成为梦想的远方，让我们矢志不移地追寻。创业确实很艰辛，事业越大，承受的坎坷就越多，风险和压力也会相应变大。这其中的酸甜苦辣喜怒哀乐，都只能独自品味。真实的青春没有逆袭，人生没有一劳永逸的捷径，在理想和现实的博弈之中，只有坚定理想信念，心怀人民大众，脚踏实地，才能取得最后的成功！

创业团队参加2016年“创青春”首都大学生创业大赛并荣获金奖

按照党委、政府的要求，孟炳淋扎实做好本职工作，得到了上级党委和政府的认可，先后被中央电视台、中央广播电台、千龙网、北京电视台、北京广播电台、人民日报、新京报等多家媒体专题报道。被评选为2013—2014年度不老屯镇优秀村官；2013—2014年度密云县优秀村官；2014年7月，被评选为不老屯镇“优秀党务工作者”；2014年7月，被评选为密云县“优秀党员”；2014年7月，评选为“北京榜样人物”（中共北京市委宣传部、首都精神文明办主办）；2014年8月，参加“中国青年代表团”赴日本东京、广岛等地交流学习；2014年10月，中央电视台13套“真诚沟通”栏目专题公益人物；2014年12月密云县委组织部摄制先进党员远程教育纪录片：《“不老尚品”走出的增收路》主题人物；2015年3月，获新京报第八届《感动社区人物》（北京市委宣传部主办）；2015年3月，北京卫视《北京新闻栏目》纪录片《中国梦365个故事》专题人物；2015年6月，评选为全国农村实用人才；2015年6月，北京市委宣传部北京长城网农村大讲堂《青春在乡村闪光——大学生村官创业经》邀请嘉宾；2016年3月，评选为北京郊区青年致富带头人。

（北京高校毕业生就业指导中心供稿）

天津

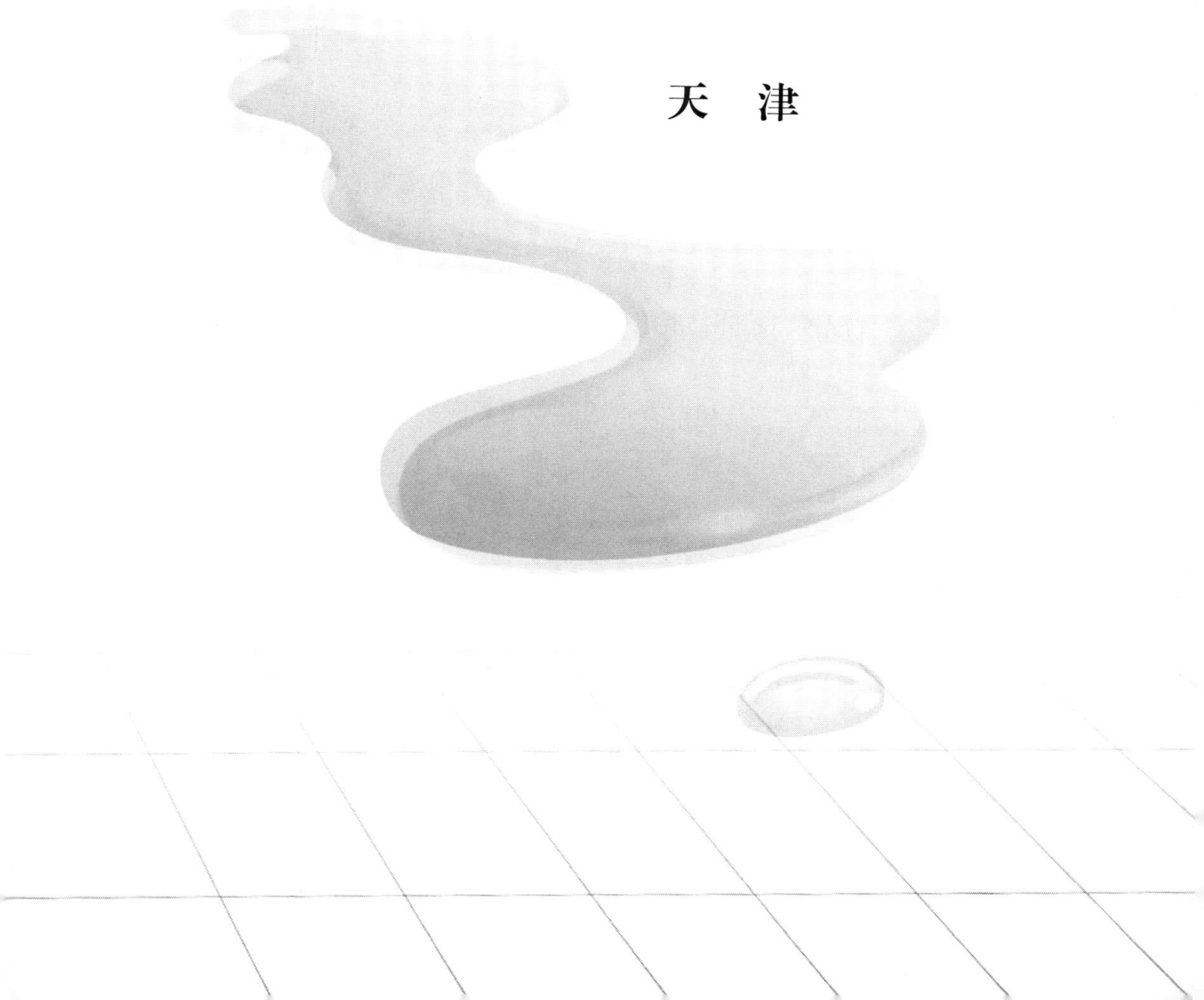

将卖菜进行到底的天大博士

——天津大学管理与经济学部徐传超创业事迹

从一个经验不足、经历两次创业失败的博士生，摇身一变成为公司估值上亿的创业企业家，徐传超用了不到两年时间。这期间，他联手行业资深专家创办的季莳鲜农产品超市，迅速扩展到遍及天津市内六区的22家连锁店。如今，季莳鲜已经是天津最大的连锁生鲜超市，日均流水过百万，解决就业达300多人。作为全市唯一参与2015年“榜样天津“的青年代表人物，唯一受邀参与天津2016年“春节联欢晚会“的创客团队。被南开区政府列为菜市场改造重点扶持青年代表企业家。

一、胸怀远大志向，夯实专业基础

29岁的徐传超看上去朴实沉稳。作为一名山东籍“学霸”，徐传超16岁上大学，20岁读研，23岁读博。本硕博三个阶段他都跨读了不同的专业。“纯机械的东西在未来社会可能会被边缘化，未来很多都要和电子电脑结合。所以考研读了光电子专业。”“未来社会，人的生活、水平不断提高，任何行业资源的全球化最优配置离不开物流运输，所以博士选择了天津大学管理与经济学部的物流供应链专业”。

“农超对接”就是把与超市有直接供应关系的生产基地与终端门店进行整体对接，减少了农产中间的流通环节。“我们搭建起‘农超对接’的种植可视化与过程可追溯的全渠道供应链管理体系。通过平台的大数据指导产地的精细化种植，实现农产品的供给侧改革”。

重塑一个行业，做一个产业领军企业，早在2009年徐传超就明确了人生发展规划。“敢想敢干”是徐传超自己用行动贴上的个人标签。他总是习惯性地将思考对象放到宏大叙事中去考量。“未来，人们的生活会越来越好，吃的也会更安全健康。很多资源将在中国乃至世界范围内快速流动，这就离不开物流。”徐传超说，“顺丰、中通这些大企业在小件快运方面已经做到了很大规模。大件物流方面，德邦物流已是行业领军企业。唯独有一个细分领域还没有发展成型，那就是生鲜和冷链物流。”

2012 年，如愿进入天津大学管理学院物流供应链专业的博士之后，“物流”这个行业才从之前的设想中，真正进入徐传超的视野，也是从“设想—理论—实践”的转变。“博士期间的论文撰写与项目实践，让我对项目从立项、分析、团队协作完成等方面都有了很好的锻炼，为以后创业点的选择、团队组建、对外合作提供了宝贵的经验。”

“食品的安全和质量是民生的保障，我觉得这件事够我做一辈子的了，如果我一辈子只做这一件事，把这件事做好，那也是很有意义的。”徐传超说。他认为，食品的天然化与健康化是个大的趋势，关系到大多数人切身利益的食品安全问题绝对是一片创业的“蓝海”。正是基于这样的判断，徐传超开始着手“自营 + 合作”模式的商超发展。

二、理论联系实际，践商道以化成

两年间，徐传超辗转走遍了七八个省市的几十个农产品种植基地。种地的农民、跑长途运输的商贩、种植基地大户、在街头开蔬果店的老板，生鲜行业的每一个环节他都走进去、沉下去，去了解、去摸索。

“重塑一个行业，缔造一个产业，要做就要做到行业第一。”这是徐传超的创业理想。目前，季莳鲜已经是天津市规模最大的连锁生鲜超市。

目前，徐传超正在积极拓展合作渠道，对天津地区的部分老旧菜市场进行“生鲜商超化改造”。传统菜市场面积大，农产品种类庞杂，购物环境比较脏乱，农产品的品质和菜价也很难得到保证。徐传超希望通过以现代化设计理念打造全新的菜市场购物体验，形成“互联网 + 菜市场”的新型社区菜市场平台，从而实现“互联网 + 菜市场”的服务扩展与数据转换应用。目前，徐传超已对西湖道菜市场进行升经改造，从菜价、购物环境、食品安全、产地直供等方面有了很大的提高，并得到周围老百姓及区领导的高度赞同。

三、心系家国天下，投身公益扶贫

徐传超一直想真正为农民做点事，这与天津大学培养具有“家国情怀”的创新人才的人才培养目标不谋而合。不仅是在烟台，徐传超还曾随天大经管学部师生一道赴天津蓟县，帮助解决蓟县苹果滞销的问题。首日便采购 5 吨滞销苹果用于季莳鲜超市直销。徐传超说：“蓟县的苹果质量很好，但相对山东烟台、山西等基地，苹果产量与质量还是不能保证，且缺少销售渠道，导致现在很多果农都放弃种植转而外出打工。如果把滞销的问题一解决，农户就愿意留在家里，通过种苹果也能过上好日子。这样一来，不但实现了精准扶贫，留守儿童、空巢老人这些社会问题从根本上得到解决。”

为了帮助农民解决农产品销售难、就业和致富问题，响应国家精准扶贫政策，徐传超和天津大学援甘扶贫干部、人称“臊子书记”的宋鹏联手打造了针对甘肃陇南山货“农超对接”的精准扶贫。

为了向天津市民推广陇南农特产品，徐传超专门在其超市新开业的店试点设立了“陇南特产专区”。专区近 20 平米左右，专门展示推介陇南市名优特色农副产品。初次合作，宋鹏从陇南带来了沙湾土蜂蜜、沙湾梅花椒、手工自制蜂糖酒、成县核桃、康县木耳、文县咂杆酒、祥宇橄榄油等 50 余种名优特色农特产品。

在徐传超看来，“农超对接”一方面带活了贫困地区的农产品销售，也帮助当地农民脱贫致富解决就业；另一方面，便利了市民享用健康、生态、无污染的安全特色农产品，实现了互利共赢。

（天津市大中专毕业生就业指导中心供稿）

航模青年到无人机公司创始人

——中国民航大学郭少青创业事迹

郭少青，中国民航大学2013级飞行器制造工程专业学生，大一伊始就加入了学校航模队，之后任航模队队长。从一名飞行器研发爱好者逐渐成为能够参加国际大赛的飞手，从航模爱好者转为无人机创业者。现在作为天津飞眼无人机科技有限公司的创始人，致力于无人机行业应用服务解决方案的开发，目前已完成天使轮融资1300万元，成为国内知名的无人机应用服务公司。

一、血泪史成就获奖大户

郭少青最开始加入学校航模队的初衷很简单，就是想做一个在地面上操控飞行器的飞手。没想到误打误撞地进入了限距载重空投小组，即让飞行器加载的水袋能够在规定时间内投入规定的区域，比赛的时候会根据投中区域的分数进行累加。为了使飞行器能够快速往返于起飞地点和空投区域之间，必须不断尝试不同的方法让其自身更加轻盈，同时还要保证飞行性能。郭少青作为刚入行的“菜鸟”每天就在学长的安排下，锯木头、用502粘飞机蒙皮，整个过程中还要对飞行器材料的重量、飞机结构、强度进行了解……

郭少青每周除了上课就是干活，常常夜里才回到宿舍，第二天早上七点多起床继续重复这样的工作，同时他不愿意放弃自己“飞”的梦想，边做工边练飞。到了暑假，其他大一新生都是大包小包地回家与家人团聚，他却大包小包地搬入基地，与飞行器共度一个又一个的通宵，七八月的酷暑，郭少青一个人拿着做好的飞行器在操场上试飞，晚上回到基地修改细节。在大二刚开学一个月后，郭少青迎来了第一场全国比赛，他和他的小伙伴获得了亚军，在国庆回到家中的郭少青已经黑瘦黑瘦的，连他的母亲都几乎认不出来了。

第二年筹备全国比赛时，郭少青如愿进入了对地侦察小组，做一名地面“飞行员”，操控着天上的飞行器。之前在限距载重空投的“血泪史”让他累积了不少经验、更加了解飞行器的结构和材料，因此在做飞手的时候游刃有余。大二上学期至大三上学期，郭少青获得了全国航空航天模型锦标赛个人二等奖、单项团体亚军，中国国际飞行器设计挑战赛个人一等奖、单项团体第二名，中国国际飞行器设计挑战赛创新评比三等奖，全国大学生工程训练综合能力竞赛全国一等奖，云创空间杯中国创新创业大赛三等奖、创青春全国大学生创业大赛铜奖等国家级奖项，成为名副其实的获奖大户。

二、鱼和熊掌可以兼得

郭少青喜欢通过飞行器的天空镜头俯瞰地面的景色，同时也喜欢影视拍摄，于是在 2015 年的夏天，他决定用飞行器的镜头拍摄一部校园宣传片，自此开启了他航拍之门……

拍摄作品在微传播平台上发布后，吸引了众多目光，其中就包括了投资商，为郭少青创办天津飞眼无人机科技有限公司提供经济支撑。带着创办自己公司的设想参加了中国创新创业大赛（简称创新创业大赛）。

开公司并不是想象中的那么容易，公司名称、公司商标、商业计划书、工商局注册……这些都需要郭少青自己去沟通协调。创新创业大赛与筹备中国国际飞行器设计挑战赛（简称国赛）的时间相重合，前者是在 8 月举行天津赛区决赛，后者是在 10 月初进行比赛。两件事情对于郭少青来说都很重要，他无法做出选择，只能同时进行，同时兼顾。

俗话说“鱼和熊掌不能兼得”，通过努力和坚持将鱼和熊掌都揽入怀中——中国创新创业大赛天津赛区一等奖；中国国际飞行器设计挑战赛对地侦察项目全国一等奖（个人第七名、7/128）、团体亚军、国际飞行器设计挑战赛创新赛《便携筒式发射微型飞行器》三等奖。

闲不住的他，还要准备 10 月底的中航工业杯国际无人机大奖赛和中国创新创业大赛的全国赛。

三、搭建平台让更多人爱上航模

郭少青创办的天津飞眼无人机科技有限公司注册成立于天津滨海高新区，注册资金 200 万元，目前团队成员 30 名。公司主营业务包括无人机系统的研发、生产和应用服务。主要包括垂直起降固定翼和多旋翼工业级无人机的研发生产销售；工业应用服务（电力巡线、管道巡线、轨道巡线、环境监测、地理测绘、地质勘探、警用消防和农林植保）；商业航拍；教育培训（行业培训、青少年教育）；金融服务（合作专业保险和融资租赁）。公司目前总部办公在天津 EOD，推广部在北京亦庄，研发中心在北京门头沟。公司目前共有员工五十余人，多数为结构、控制、通信、载荷等方面的专家。今年3月份公司已完成1300万外部融资，向专业化成熟公司迈进了一大步。

在2015级的新生报告会上，郭少青分享了自己参赛、创业的故事，许多大一的新生都想加入到他的团队中。“学校创新创业基地为我搭建了平台，我也同样会为学弟学妹创造条件。”郭少青希望能够通过自己创办公司、承担业务让更多的在校生能参与进来，爱上航模。

此外，郭少青还积极配合学校带领航模队服务社会。在2015年天津“8·12”重大爆炸事件中，郭少青带领着航模队协助武警完成了灾区侦查任务。之后某部队计划成立无人机分队，中航大航模队将依托郭少青的飞眼公司进行投标。

平时要忙学习、忙比赛、打理公司……这些对于闲不住的郭少青来说都不是事儿，他就是那种能把时间挤出来的人，在课余时间他会加入天津市义工联盟，为小朋友们讲解国防驾驭，以及航空、无人机方面的知识。

专业排名第二的卓越班才子、全国奖项拿到手抽筋的获奖能手、将兴趣变成事业的公司老板……这些角色都是让郭少青变得更加优秀的阶梯，对于他这样的航模狂热爱好者来说，感受到驾驶无人飞行器的乐趣是最幸福的事情！

（天津市大中专毕业生就业指导中心供稿）

我的大学创业路就是做最好的自己

——天津天狮学院王琬麒创业事迹

王琬麒：

1. 天津快取啦信息科技有限公司创始人（现任 CEO）

打造最好的”高校最后一公里“平台。

2. 天津恩加智慧科技有限公司创始人（现任 CEO）

恩加校园：专注于打造最好的大学生教育服务平台，主要经营职业资格证书主题与英语学习培训两大主题。

3. 鸿鹄读书（天津）文化传播有限公司创始人（现任 CEO）

“鸿鹄读书会”创始人，立志打造最走心的 16 ~ 26 岁青年人读书习惯养成平台。旗下有超过 4 万粉丝关注的“大学生读书会”QQ 兴趣部落以及数千 QQ 会员粉丝。

曾经很久一段时间，我一直特别喜欢刘同这个作家。他有一本书叫《你的孤独，虽败犹荣》。

“也许你现在仍然是一个人下班，一个人乘地铁，一个人上楼，一个人吃饭，一个人睡觉，一个人发呆。然而你却能一个人下班，一个人乘地铁，一个人上楼，一个人吃饭，一个人睡觉，一个人发呆。很多人离开另外一个人，就没有自己。而你却一个人，度过了所有。你的孤独，虽败犹荣。”

时光飞逝，不知不觉中，我已经从一个刚入大学校门的青涩小男孩变成了一个整天穿梭在各个公司和会议中的创业者。忙碌，是我对大学生活最深的印象。

依稀还记得大一刚刚入学时候的境况，在高考毕业填选志愿时，第一专业便报的英语专业，当时的一个想法就是想要出国深造，外面的世界太大了，作为一个小县城的孩子。天真地想用自己的双脚去丈量这个世界。

大一的时候，没有什么特别多的想法，只是正常的上课，学习，图书馆。周末的时候去其他大学逛一逛。在闲下来的时间，去做一天兼职。就是一次兼职，意外地改变了我的整个大学生活。可能因为自己做事踏实苦干，老板还是比较看重。然后便委托我帮他介绍同学来做兼职，因此我赚到了上大学以来的第一桶金，在此之后，因为懂得这各中缘由，便多联系了几家公司。大一下学期便整个在忙于兼职的工作。

直到大一快结束的时候，遇到了人生的一个转折点——悠悠网，中国高校第一门户。“七彩校园乐悠悠，大学有我你无忧”。

这样的口号便是在那个时候提出来的。我从那个时候开始学习到自己做的现有的兼职业务，也只是大学生需求场景中的一个小分类。而且这一个小的细分市场，也并不足以支撑整个大学市场的生态链。如果想要获得更大的发展，转型迫在眉睫，在多种思考之后，毅然申请了悠悠网的校园经理。

同一时期，成立了我个人的第一个业务比较齐全的创业团队“天狮悠悠客”。团队业务从教育培训，到景点门票，还有兼职，社团赞助。到大一结束的时候，团队架构初具模型。

因为搭建了团队和发展的组织架构，所以公司在 2013 年 9 月开学的时候，按照计划稳步发展。

在这一个学期，我们曾带领团队成员在教育培训方面创造了 4 天 37000 元的营业额；曾一个学期在学校开设 3 个培训班、销售旅游门票 200 多张，小商品类销售椅子 100 多把，耳麦 500 多个……（其他小商品忽略不计）累计超过 500000 元的营业额。

并且在国庆期间，推出了自己的会员卡，天狮悠悠客团队和武清 12 个商家共同签署了学生购物打折合同。种类涵盖：饮食（火锅、炒菜、盖饭、披萨……）、生活（配眼镜、手机）、休闲（游泳、健身）。学生手持悠悠卡，到与悠悠客团队直接合作的商家消费，不花一分钱，直接享受超值优惠。

在大二上学期刚结束的时候，第一次体会到创业的乐趣。因为自己学校业务做得还是不错，所以便想是否可以将自己的这套模式，拓展到天津市各个高校。于是，带着一股热情便冲在了市场一线。

市场是残酷的，很快我就被一股股的压力给拍回来。无情的市场告诉我，这套模式直接复制的成本是巨大的，在没有巨额资金的供应下，很难持续地维持。自己学校的团队可以运转，是因为自己一直在监督和把控。

这一次起步，是创业以来的第一次真正意义上的失败。第一次让自己体会到很多创业者和我说的战战兢兢、如履薄冰的感觉。这一次的创业路上，我学会了谨慎。

直到2014年年底之前，我几乎一直在管理自己的校园团队，和在其他大学招收了一些培训班代理和景点门票代理。做一些基本的市场工作。2014年底，我的创业路又发生了一个质的飞跃。首先，经过两年的一个积累，我有了自己人生的第一桶金，靠自己积累的钱，因突出的业绩和董事长的欣赏，我购买了悠悠网的股份，从一个校园站长正式变身为悠悠网的联合创始人。同时，在12月18日，我成立了第一家自己的公司——天津布欧文化传播有限公司。现更名为鸿鹄读书（天津）文化传播有限公司。

布欧文化——让最优秀的人有最优秀的环境来维持他的优秀。布欧文化从起步之初，就直接定位大学生户外活动这一校园重度垂直领域，通过户外活动的社交，为各大校园的优秀人才搭建一个交友的平台。打破传统的交友瓶颈，同时可以解决线上交友的不安全性。在公司盈利上，从传统的直接从旅游产品盈利上，升级到学生来布欧文化游玩，几乎是0利润。门票钱刚好能够与学生的吃喝玩的花销持平。利润上靠商家的广告费，因为是户外，还有固定的户外活动场所。现场的展示牌的广告费、还有线上流量的广告费，都是赢利点。同时布欧文化定位的C2B2B的平台模式，一手撑两家，承接所有想在高校市场投放广告的商家赞助活动。不仅包括户外拓展，同时涵盖网站，APP，社团的联系推广。收费标准也分为：全包、半包、初级方案三个等级。

我们曾经针对大二学生做过一个调查，有大概83%的同学大学期间没有去过除自己学校外超过3所以上的大学校园，所以今天“布欧之家”的出现，就是为了消除这些壁垒，为此，我们主推3个部落：

（1）喜欢学习的同学，可以加入“布欧私塾”部落，和211、985高校的优秀学子一同读一本好书，一同交流读书体会，一同进步，大家平时也可以分享学习心得、考研技巧、择校，证书选择，避免在学习中多走弯路。

并且在QQ兴趣部落里开通了“大学生读书会”的兴趣部落，从创立之初至今，已经有2万多的关注量，每天有几百，上千的访问量。大家一起探讨读书，交流读书。读书会的宣传标语是“复杂世界下少有的一片绿洲”。不管社会多么浮躁，我只坚持去追求最好的那个自己。

（2）喜欢美食、旅游的同学，可以加入“布欧吃喝玩”部落，平日里发现了哪家好吃的小吃店，一定要晒图。发现了哪个安静的咖啡馆，记得喊小编。有文艺的一篇文章来衬托一个迷人风景的时候，记得告诉小编。无论是QQ还是微信，为了你的唯美，我随后等候。或是线上交流，或是线下三五结伴，一同邂逅美食，再者相约出行，一同踏青，或许，人生的另一半也会在这里遇见……

（3）喜欢创业赚钱的朋友，可以加入“布欧赚赚赚”部落，彼此交流最新的行业消息，最火热的赚钱项目。同时创业方面，“布欧之家”还会为大家提供经验丰富的创业导师和明星创业团队，大家有什么困难可以不必走弯路，互信合作，彼此共赢。同时还会提供丰厚的项目资源：旅游门票、演唱会、兼职机会、教育培训……都有超级优惠。当然，根据参与和贡献，在“布欧之家”里不同的等级，拿到的资源是有区别的。

当前主推3个部落，以后会陆续开放更多。

同时，布欧之家在前期为各个部落配备了专业导师和各个领域明星，一个宗旨：让最优秀的人有最优秀的环境来维持他的优秀。

布欧文化一直推崇——在每一个人的内心深处，都有一个只属于他自己的曼珠沙华，找到它，发挥到极致。

优秀是一种习惯！优秀的人也需要优秀的环境。所以我们只要优秀的人，我们不怕有人离开，因为在优秀面前，我们每一个人都需要修炼，而且欠缺得太多。如果可能，希望“布欧之家”里的每一个布欧，出去都是正能量的代言人！

刘同的一本《你的孤独，虽败犹荣》，其实刚好能深刻地表达每一个鸿鹄人在由贪玩懒散走向正确的习惯养成中遇到的各种难题，鸿鹄会，汇鸿鹄，燕雀安知鸿鹄之志，这是每一个鸿鹄人在自己成长路上的深深呐喊！正如鸿鹄读书的slogan说的那样：种下梧桐树，静候凤凰来！在汉语神话中，鸿鹄又称白凤凰，这句话恰到好处地表达了鸿鹄读书的愿景。鸿鹄读书立志为16～26岁的2亿中国青年人，提供一个正确的习惯养成社群，为3000万在校大学生提供积极向上的读书环境。让当代年轻人养成“爱读书、读好书、会读书”的优秀习惯。将“优秀是一种习惯”的理念深深地根植于每一个青年人的心中！

在布欧文化之后的又一力作，便是我的第三家公司——天津快取啦信息科技有限公司。

在2015年4月，我和自己的高中同学郭振廷，在天津工业大学共同成立了天津快取啦信息科技有限公司，当时看到校园快递市场非常凌乱，很多学生为了取快递而烦恼，而同时又有很多小的团队帮忙代寄取快递。规模小，取快递效率低，还时常会发生丢件的现象。在这种情况下，我们一拍即合。他是技术出身，公司还有两个小伙伴，写得一手好代码。团队整体独立开发了自己APP和软件，我则利用自己三年来积累的各大高校的人脉和市场运作和团队管理经验。拉起了一个庞大的校园市场队伍。

“快取啦”，因其刚需的基因，在团队的协同努力下，从9月6日上线，短短三个月的时间，开拓了10所高校，获得12000多用户的支持，每天下单量达到几百单。当我们看到这样一个数字的增长的时候，感觉一切的苦累都是值得的。

“快取啦”，作为大学校园市场的“滴滴打车”，它的诞生无疑是一场革命性的运动。我们耳熟能详的马云，为什么他可以成为中国首富，互联网行业的龙头，很多人说是他做的淘宝很厉害。那么到底厉害在哪里呢？

其实，再往深里看会发现，他的成功不是偶然，是必然的，不管今天互联网如何发展，发展得多么大，互联网行业每一个人都需要向马云致敬，因为他培养了中国的第一批网商和网上消费者。我们今天已经习惯于在网上购物，而这个习惯，正是马云培养出来的。

在我看来，“快取啦”同样也是这样一个革命性的产品。谁规定学生的快递非得自己去取呢？而且有的学校真的很大，取个快递至少要半个小时，而且这还不是最重要的，最麻烦的是人多的时候，找快递和排队取快递也要花费很多时间。对自己的时间完全是一种浪费。

“快取啦”的诞生，就是为了改变学生取快递的习惯，坐在宿舍等快递的到来。我相信，在不久的将来。校园的快递小哥面前，再不会有往日的人山人海的场景，有的只是一个个穿着绿马甲，穿梭在校园的快取精灵。

而后期的“快淘啦”也在紧锣密鼓的筹划中，从“快取啦”超大的流量中，引流到“快淘啦”也是完全可以实现的，现在的数据已经证明了这一点。未来的校园快递，一定会随着“快取啦”的到来，掀起一股新的浪潮，愿这股创业和正能量的春风，能够吹到每一个莘莘学子的身边。用我的热情，在浮躁的社会风气下，给你送去那一股一股清凉。

做最好的自己，这就是我的大学创业路，我曾经无数次地问过自己，如果重来一次，你还会创业吗？说实话，我不知道答案。但是我想应该会吧。或许这就是宿命，一个人的存在，就是上帝最好的杰作。既然已经来到了这个世界，总要给这个社会留下点什么东西，我，尽我最大的努力。带给大家一点温暖。带给每一位在校大学生一种积极的大学生活。

最后希望公司可以好好做下去，从一个学生入学那一天开始，大学四年一直陪伴着他，直到在大学毕业的时候，这个学生除了穿着学士服在校门口留影之外，可以抱着我们快取啦的吉祥物——快取精灵，来一张温馨的合影留念。

我们一直在进步。

我是鸿鹄读书的发起人——衷心希望每一个大学生，在毕业的时候都能至少读 77 本书。

（天津市大中专毕业生就业指导中心供稿）

河 北

以梦为马，不负韶华

——东北大学秦皇岛分校李俊创业事迹

非学无以广才，非志无以成学。作为青年学子，我们每一个人都应当志存高远，脚踏实地。只有不断学习，才能跟上或者领导这个时代，才能给这个社会创造更多价值。把学习当作一件幸福快乐的事，不为身边的小事所羁绊，慢慢积累，放眼未来，放眼世界。汪国真说："我不会想是否能够成功，既然选择了远方便只顾风雨兼程。"面对未来的遥不可知，我们要永远保持一颗赤子之心，永远奋不顾身，永远热泪盈眶！

——题记

在校期间重视综合素质的提升，在科技创新、学生工作、学习成绩方面均取得了优秀的成绩。共获国家级奖项证书 7 个，省市以上 22 个，院校级以上 43 个，被评为河北省青少年"自强之星"、秦皇岛市向上向善好青年、校十佳大学生、校十佳创新之星、自强之星，入选校"成长榜样"。

一、勇于实践，做科创之星

当我考入东北大学秦皇岛分校后，就开始做科技创新，积极参加各类科创比赛。努力拼搏的精神和积极认真的工作态度让我在科技创新领域取得了优异的成绩，2016 年 12 月，当选校十佳"创新之星"。

2015 年 12 月组建安洁团队，专门为残障人士研发并提供辅助器具。在带领这个团队的过程中遇到了很多困难，为了尽快调试好产品，课余时间经常去工作室加班，熬夜设计 3D 打印模型。整个大二的寒暑假也一直在学校的支持下忙着做项目，不敢有丝毫松懈。充满激情、精益求精，最终带领团队获得了 5 个省级以上奖项。在 2016"创青春"河北省大学生创业大赛中斩获特等奖，成为公益赛唯一代表进行公开展示，代表学校向全省展示了东秦的风采，最终获得 2016"创青春"全国大学生创业大赛金奖。

“创青春”终审决赛答辩现场

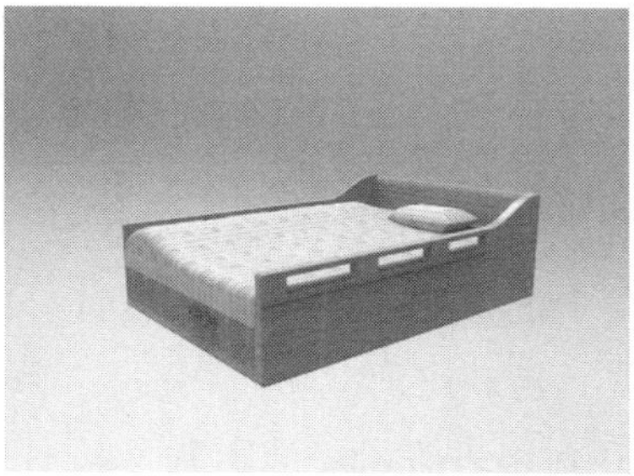

安洁辅助翻身床（新研发产品模型）

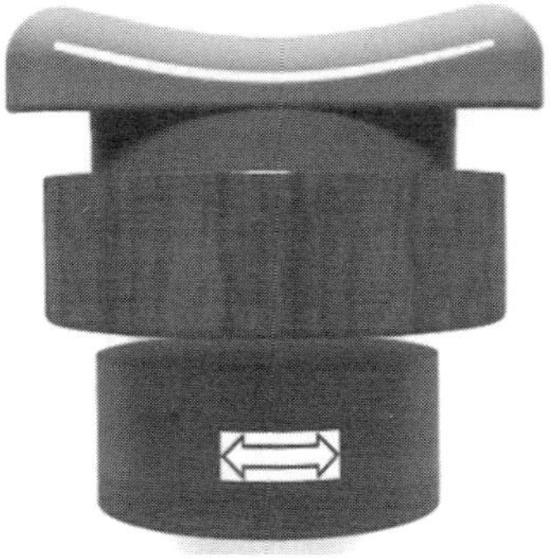

安洁开瓶器（新研发产品模型）

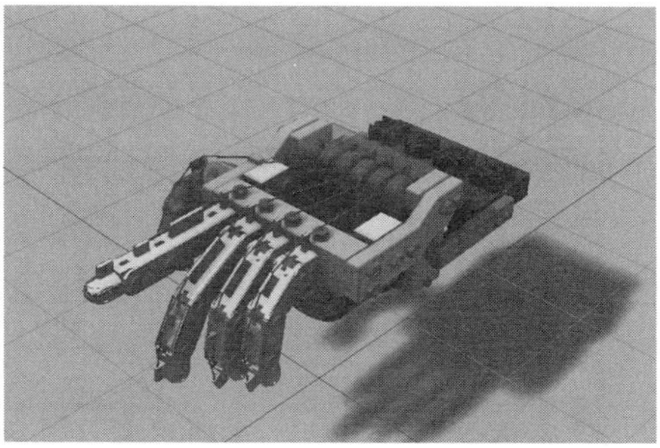

安洁自身源动力机械手（新研发产品模型）

2016 年 4 月，组建“恰同学少年”团队，研究模拟实验，开发虚拟现实技术的模拟实验软件，获得第九届全国大学生网络商务创新应用大赛国家二等奖的好成绩。2017 年 1 月，组建团队参加 2017MCM 美国大学生数学建模大赛，获 Honorable Mention。

此外，还申请国家发明专利“室内综合制冷制热系统”“一种旋压式多用开瓶器”两项（受理中），实用新型专利“易拉牙膏器”“一种拉取式牙膏器”两项，外观设计专利“牙膏器”一项。在《经济管理》上发表论文“我国锁具营销特点与发展趋势分析”。在《物理实验》上发表论文“基于 TRIZ－CDIO 理论的大学物理实验教学探索与实践”。

二、公益创业，把爱带给社会

正值大学生创新创业的浪潮，机遇与挑战并存，我在学校的支持下选择了一条公益创业的道路。以关爱为习惯，以奉献为使命，安洁公益的宗旨就是让残疾人不“残疾”。

在研发和公益推广的过程中我们遇到了很多困难，比如，3D 打印机经常出故障，耽误研发进度；团队成员意见不统一，中途有人退出；免费赠送产品的过程中被认为在推销产品，不被认可。但是我从来没有想过要放弃，一直鼓励队员，坚持不懈。最终，我们成功研发了 4 款产品，其中安洁全自动牙膏器已经与宁波一家日用品公司签订合同，安洁团队也与其建立了长期合作的关系，并且还获得河北金点创股权投资基金管理公司拟投资 80 万元。

2016 年暑假，安洁团队奔赴湖北、四川、山西等全国 13 个省市展开公益实践，免费向残障人士提供自行研发的安洁全自动牙膏器。继续深入残联等组织调研，发扬了东秦学子自强不息、知行合一的精神。目前帮助的残障人士近 2000 人，《华西都市报》、新华网等全国 70 家媒体都对东北大学秦皇岛分校安洁团队进行了专题报道，我们也向全国展示了“东秦”的风采。

三、自强班，让你我一起自立自强

天行健君子以自强不息，自立自强，坚持不懈的信念已经深深地影响了我。一个人可以走得更快，但是一群人可以走的更远。在我刚刚踏进东秦的校门那刻，便提出创建东秦“自强班”的想法，并在新生见面会上与大家交流，并得到了院党委书记刘宏志老师和校长汪晋宽的特别关注与支持。

“自强班”率先在经贸学院开办，我担任首期“自强班”负责人。自强班共分为自我管理与自我提高班、演讲爱好班、数学爱好班、阅读爱好班、科技创新班共 5 个小班，每个学员每天需要参加基本的晨读、晨练，然后再根据每个小班的特点开展特色活动，采用淘汰制度，强调大家的坚持与互帮互助。

首期“自强班”共计有 103 人报名参加，我需要组织协调“自强班”5 个小班的日常活动，并举办过多场影响力较大的活动。学员们都从中收获了很多，自己最大的开心也是看到大家在“自强班”这个平台上有所收获。

四、珍惜时光，爱在东秦

1. 学生工作

曾作为管理学院学习部干事，组织举办“经采杯”系列赛事，并进入管理学院辩论队，取得“东采杯”辩论赛七连冠的好成绩；参加校“12·9”接力，取得团体第一名的好成绩，现为最好纪录保持者；担任管理学院田径队队长，组织举办管理学院第一届运动会，并带领管理学院在第三十二届校运动会上取得优异成绩；2016 年 3 月至 9 月，担任 1441 班班长，多次获得校级优秀学生干部、优秀志愿者称号。

2. 学习成绩

平时学习刻苦，不管比赛多么忙，都不会丢下学习。2016 年，连续两次专业综合排名第一，获校综合三等奖学金两次。平时利用课余时间去图书馆查阅书籍，并且积极跟老师一起做课题。

3. 学生兼职

为了减轻家庭负担，常利用课余时间做兼职。利用国庆、元旦等假期时间，在秦皇岛乐购、苏宁易购等多个商场兼职；2015 年暑假在艺龙网实习，向游客推广 APP，赚取生活费。

自己最大的特点就是执着，大学生活忙忙碌碌，收获很多。既然选择了远方便只顾风雨兼程。我会继续保持这份热情，继续奋斗，勇于实践，自立自强，做最好的自己！让自己更加优秀，实现自己更大的价值，感恩老师，感恩学校，争取为社会做出更大的贡献！

（河北省大中院校学生信息资讯与就业指导中心供稿）

创业之路，风雨兼程

——河北地质大学史晓奇创业事迹

河北地质大学2012级本科生史晓奇，在校期间带领学生团队开始创业，先后创立石家庄翼飏广告有限公司、河北小优部落网络科技有限公司、石家庄纷享电子商务有限公司等，项目从微信代运营、视频拍摄制作、电商代运营转向实体，2015年其公司融资180万于石家庄成立小优部落社区连锁面包店项目，次年创立拉枫丹、U·CAKE蛋糕品牌。

2013年3月，史晓奇和同级生郑海龙一起，创立E启创团队，开始了他的创业之旅，对创业还没有什么概念的他们，选择了在校内进行尝试，他们观察校园里的商机，最后选择了在学校旧食堂的餐桌上做文章，和后勤谈好旧食堂桌面的承包权后，他们开始在校园附近的商家开始了招商洽谈，做起了餐桌广告，赚到第一桶金并且尝到甜头的他们在广告覆盖饱和后开始了下一个项目的筹划。

9月新生开学，史晓奇和他的团队又吸纳进了新的成员，也有来自大一的学生。这次他们把项目的方向瞄准了刚火起来的微信运营，彼时，微信公众号成为了所有实体商家追逐的自媒体工具，但是大多实体商户的老板多年从事传统行业，苦于没有微信运营经验而作罢，史晓奇瞄准了这个机会，和团队一起研究微信公众号的开发和运营技术，很快打造了自己风格的运营模式，他们开始扫街边商户，开始了微信公众号代运营的创业项目。而在微信运营中，他们开发并建立了石家庄校园商城（又名67校园商城），专注打造大学生在线购物平台，他们把自己赚的第一桶金全部投入技术开发和营销推广上，可是由于各方经验不足，很快项目赔得血本无归，团队被迫停止了项目的运营。

静下来的史晓奇反思创业过程中的失误，最大的问题还是出现在本身经验不足，缺乏对创业的理解，对团队管理的经验。幸运的是，2013年正是河北地质大学创新创业教育学院成立的元年，在校长李军的直接领导下，学院出台进行多项创业指导和支持政策，执行院长朱燕空教授带领骨干教师成立创业经理人培训班，从在校创业的学生中招生，培训创业学生们的创业理论、思维和工具的使用。史晓奇抓住了机会，进入了创新创业学院的创业经理人班，在学院经理人班的培训中，史晓奇和他的团队开始全方面了解和认知创业的理论体系，创业应用的思维方式和工作中更为职业的工具使用，让他受益匪浅，同时，学校还在综合楼三楼为他和其他创业团队提供了免费的办公场地，史晓奇分到了 15 个工位，免费的水电、物业、无线网等办公环境，从此，他和团队开始了正规的创业路线。

在创业经理人班的学习中，让史晓奇感触很深的一点就是思维方式的改变，并且脑图、商业模式画布、六顶思考帽等工具的使用，也让他和团队拥有了更高效的工作方式，他们决定重启“67 校园商城”的运营，以烘焙产品为切入点，在学校打造校园商城。

2014 年，史晓奇曾多次跟随创业学院院长朱燕空教授，副院长史巍老师到国内的创业圣地深圳交流学习，不仅在顺丰、腾讯等大企业观摩，还在多个高校学习大学生创业的不同形态。这让史晓奇和他的团队大开眼界。

2015 年，已经创业 2 年的史晓奇在石家庄成立河北小优部落网络科技有限公司，主打社区连锁面包店，定位社区，覆盖社区，旨在打造华北最大的连锁面包店，在社区 O2O 风口中，他们很快拿到了本地商家的投资，融资后他们快速扩大规模，半年内先后在石家庄藏龙福地、世纪花园、维多利亚等小区开了七家社区店，员工规模超过 35 人，并多次前往北京寻找下一轮融资。2015 年下半年资本寒冬袭来，社区 O2O 概念回落，盈利能力不强的项目终究退居幕后，史晓奇的小优部落没有拿到下一轮融资，而定位社区的他们并没有拿到理想中的销售数据，同年 10 月，小优部落被投资商并购，史晓奇和他的团队撤出管理层，宣告创业失败。

在创业经理人班有一句话，没有失败的创业，只有不一样的收获方式。这让史晓奇坚信，失败本身也是创业带来的一种特别体验，并且收获的人脉和资源，并不是能用创业带来的金钱收获可以衡量的。在短暂的调整后，史晓奇又开始了他的下一次创业。

小优部落的项目让他接触到了烘焙行业，他发现这是个高毛利行业，并且国内市场规模依然保持稳定增速的朝阳行业，他和团队在上一个项目的资源整合下，创立了拉枫丹艺术蛋糕，建立中央工厂，全部订单集中生产制作，全程冷链配送，72 小时无理由退换货，旨在打造互联网体验蛋糕。这一次，史晓奇做的更垂直，只做蛋糕这一个品类，从产品研发，到技术配方，从微信运营到外卖平台，他和团队将之前失败的经验教训进行总结，很快在石家庄拥有了自己的粉丝用户和良好的口碑。

2017 年，新的征程，新的开始，史晓奇和他能在团队一起，将蛋糕这个富有节日气氛的产品做得更加专业，更加垂直，技术品牌升级，更名为 U · CAKE蛋糕，并在工厂建立休闲体验区和 UK 小花园，打造线上与线下的用户社群活动，按他的话来说："做蛋糕，我们是认真的"。

如今，毕业整一年，史晓奇的 U · CAKE 蛋糕正迎来更好的发展机遇，个人资源不断的收获，团购业务的展开，为他和公司创造了更多的资金来源。回望从大学开始创业到现在，史晓奇总是感慨，学校的创业学院告诉了他如何规避风险，用正确的思维方式和方法论小步快跑，对项目进行调整更正，而社会这所大学，对他的心理和信念进行了深层的淬炼，让他明白，创业不是一个结果，而是选择了一种生活方式，只有 all in 的状态和态度，才能有更多成功的可能。

史晓奇和他的公司，他的团队，旨在将 U · CAKE 蛋糕做得更好，也希望他能在创业的道路上坚持下去，做出属于他们自己的事业。

创业本身就是一种选择，既然做出了选择，就只顾风雨兼程。

（河北省大中院校学生信息资讯与就业指导中心供稿）

IT 男跨界开熟食店

——鲜卤家创始人汪小海创业事迹

一、导　语

30 多度的高温下，汪小海像没头的苍蝇，坐着绿皮火车，辗转成都、武汉等地，皮肤被晒得黝黑，只为寻找零添加的独特熟食酱卤秘方。

两个月下来，他走遍街头巷尾的卤味店，还深入卤味培训机构学习，最终却无功而返。“要么味道一般，要么制作环境差，而培训机构教的是如何偷工减料和使用添加剂。”

这与他的创业初衷背道而驰：做老少都可以放心食用的卤制品，不使用添加剂。

灰心丧气之时，经亲戚介绍，他来到位于承德老家的一家卤味店。店主是一位拥有 30 余年从业经验的老师傅，掌握着流传 300 多年的满汉全席酱卤手艺，每天食客络绎不绝。

拜师学艺，几经摸索，汪小海及团队将这门原始手艺完成标准化改良。2015 年 10 月，他创办了以猪蹄为特色的熟食连锁品牌——鲜卤家。

截至目前，项目已在石家庄拥有 5 家直营店，年营业额约 400 万元，获著名天使投资人源政投资董事长杨向阳及丰厚资本合伙人杨守彬等前辈的数百万天使投资，品牌估值数千万。

二、匠心探寻卤味秘方

手机门户网、创意礼品店、外卖网站、兼职 APP……自高二起，汪小海的创业脚步就不曾停歇，8 年间先后创立过近 10 个大大小小的项目。在做职业规划时，他将自己定位于互联网行业的产品经理。然而，这个想法在两年前却悄然发生着改变。这一次，他打算涉足餐饮行业。早在大三时，他便动过这个念头。彼时，染色馒头事件发酵，他希望休学创业，做个专卖窝窝头、发糕等的粗粮蒸食品牌，看不惯别人把食品做成伤天害理的事，他决定自己创业。

在家人及朋友的反对声中，他的创业想法暂被搁置。不过，关注餐饮动态由此成为他的家常便饭。此时，他再度跃跃欲试。看着街边的餐饮店，他想到了小学时爱吃的卷饼。不过，他很快意识到卷饼属低频消费品类。“我们在吃饭时，很少会直接想到它。”

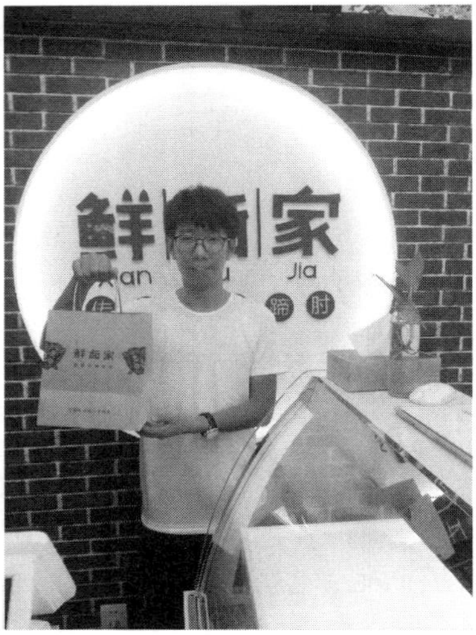

“卷饼不好做，为什么不做其中的卤肉呢？”作为一名无肉不欢的吃货，他脑海中浮现出周黑鸭、久久鸭等卤味品牌。“鸭制品市场已经饱和，但卤制的猪牛羊却没有全国知名的品牌。”由此，他计划创办一个猪牛肉类卤制品连锁品牌。“不放任何添加剂，让顾客吃得放心。”然而，在与 20 多个朋友沟通后，仅有两个人愿意与他尝试。随后两个月，他们辗转重庆、武汉等五个城市，寻找正宗卤味秘方。时值酷暑，顶着 30 多度的高温，他们四处打听卖得好、知名度高的卤味店。“晒得跟非洲人一样。”

结果却令他大失所望。“他们的卤制品味道一般，制作环境也很差，根本做不成品牌。”为此，他还花 16000 元参加了卤味培训机构的入门课程。然而，学习内容多为如何废物利用、选购便宜食材和使用添加剂，这令他感到反感。“两天后，我们就离开了。”恰在此时，在亲戚介绍下，他找到了一家承德卤味店的老师傅。对方拥有 30 余年从业经验，掌握着流传 300 多年的满汉全席酱卤手艺。“他的店铺仅下午开门，销量却顶得上七八家熟食店。”起初，老人并不愿意传授手艺，担心他们一时头脑发热，没有耐性。他们便在附近的旅馆住了下来，每天凌晨两点半起床，主动帮老人干活。

他们的举动终于打动了老人。随后半个月，他们一边打杂一边学习，将挑选食材、香料、食材腌制、老卤储存、糖色炒制等环节，以及不同食材的卤制时间及火候等写在笔记本上，反复尝试，直到符合老人的要求。

三、大小火 10 小时出一锅好卤

学成归来，汪小海着手筹备“鲜卤家”项目。在一处居民楼内，他不断熬制着一锅又一锅猪蹄。老人的手艺为经验积累，用料多少、火候大小等全凭感觉，而他们要将这些进行标准化改良。这个过程并不容易。单就卤料而言，他们要采购桂皮、麻椒等 35 种天然香料，但每个城市存在价格差异，为保证卤制口味，他们只能选择价格偏高的材料。同时，20 余种关键香料均由原产地直采。食材的选择，同样需要不断尝试。以猪蹄为例，他们在试验过进口及本地食材后，最终确定为 2008 年奥运会供应商——千喜鹤品牌，选用 450 ~ 500 克的猪前蹄。

熬制过程中，他们选用高汤代替鸡精、味精、卤肉添加剂等，为此需要一只 3 斤重的老母鸡、5 斤鸡架和 6 斤新鲜猪棒骨，大火熬制 4 小时。在此基础上，食材需手工去除血腥及杂质后方可下锅。“大火熬制 1 小时，文火煨卤 5 小时。”

经过两个多月的努力，他们的第一批产品终于面世。过程中，他们试验了近千斤猪蹄，连厨房的吊顶也被蒸汽熏塌一半。

汪小海随即在朋友圈发了一条消息。不到 5 个小时，他收获了 200 多个猪蹄订单，并在随后收集到 100 余条反馈。“好评不断，口碑极好。”由此，他开始张罗第一家门店。在此期间，团队顺利拿到种子轮融资。

2015 年 10 月，鲜卤家第一家门店开业。一个半小时，250 余个猪蹄和 20 多个肘子销售一空，“比一般熟食的制作成本高 15%。”随后，这家仅仅 7 平方米的小店销售情况平稳，日均营业额超过 2000 元，好的时候能有 6000 多元。

四、一年开 5 家店

去年 2 月起，团队除在石家庄改建 2000 平方米的加工厂外，还在北京设电商运营中心，负责公众号中微商城的运营。此时，产品已增加到十余种品类，包含牛筋、牛肚、翅尖、藕片等。5 月，鲜卤家产品上线。第一天，线上销售额近 3 万元，随后半月保持在 1 万 ~ 2 万元/日。其中，外地购买用户超过一半。此后，线上销售额却不断下滑。相反，线下直营店运营情况始终平稳。思前想后，汪小海发现重复购买用户较少。究其原因，他认为靠线上运营打造全国品牌异常艰难。

“比如，你今天想吃猪蹄了，然后下单，但物流人员需两到三天才能送货上门，此时你已经没有了吃的欲望。”无奈之下，他只好砍掉电商业务，将全部精力放于线下实体店。

一方面，他进一步筹备新的直营店，将店面选址于大型社区；另一方面，他分别从产品、服务、物流等方面实现标准化。

产品方面，各门店提前一天向工厂提报订单，由自营物流团队同城配送。

为照顾到更多进店顾客的消费体验，他在店面装修风格上既体现传统的中式风格，又融入现代元素，同时随产品免费赠送蒜汁、一次性手套、餐巾纸和牙签等。

春节期间，团队还制作了熟食礼盒，包含 2 个猪蹄、1 个肘子、1 只鸡和 1 个猪耳，售价为 200 元。“我们还可根据顾客的实际需要，定制相应的礼盒。”

截至目前，项目在石家庄拥有 5 家直营店，单店约二三十平方米，由一人运营，在售产品包含猪肉、海鲜、素食等十余个品类，其中猪蹄和肘子占整体销量的一半。2016 年，鲜卤家总营业额约为 400 万元。

今年，汪小海打算在石家庄新开 99 家店铺，并考虑覆盖北京、天津等城市。同时，他还计划重新对外加盟。“我们现在已有完善的管理体系，希望更多热爱餐饮行业的伙伴加入”。

（河北省大中院校学生信息资讯与就业指导中心供稿）

山　西

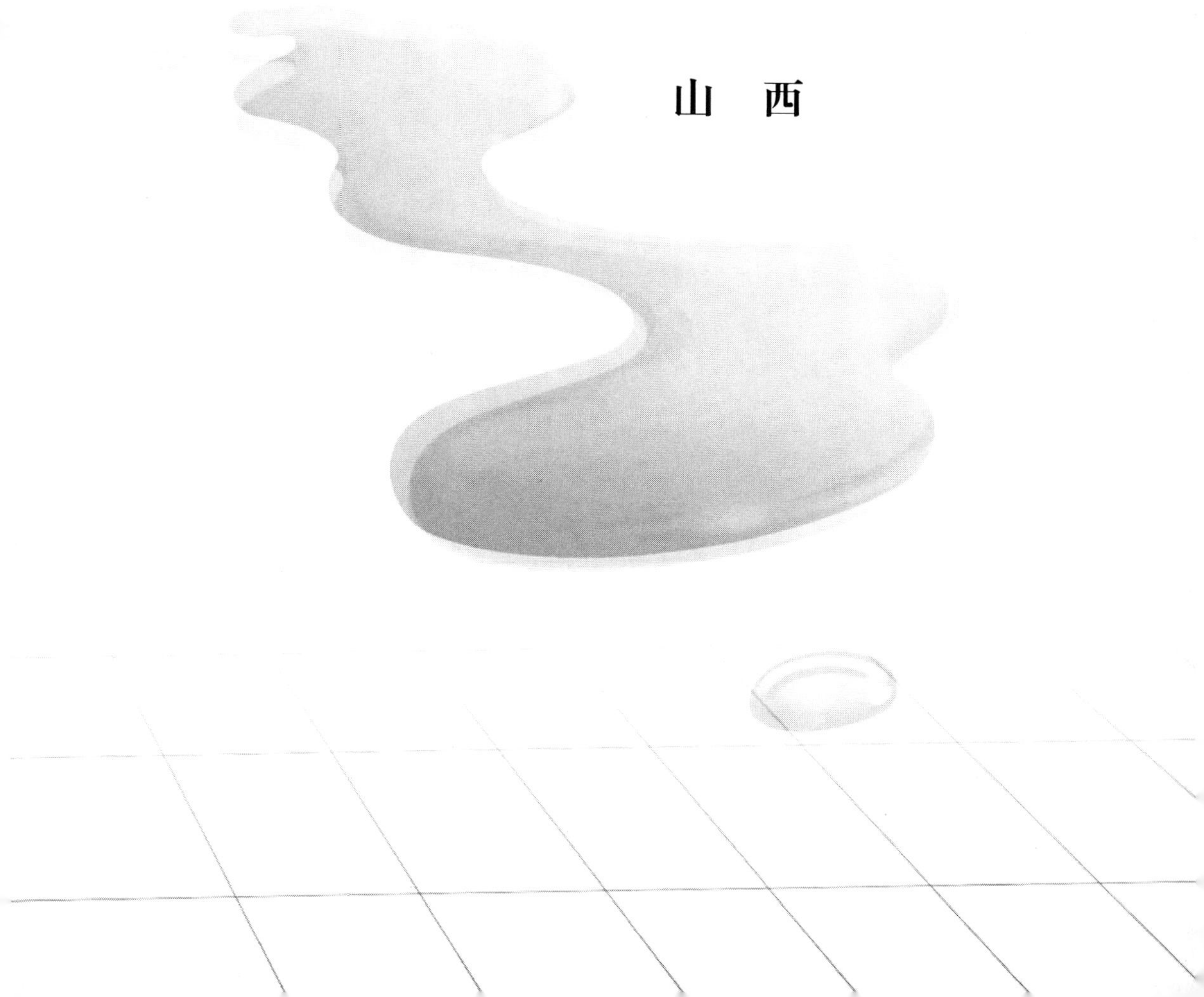

楼梯间的创客故事

——山西财经大学李馨乐创业事迹

“楼梯间”创始人李馨乐，是山西财经大学大三的学生，于2013年创立校园分类信息网站，初步接触互联网项目，了解了技术、产品、营销等互联网的知识，已做出网站及APP原型。2014年年初曾创立微订餐平台，为山西高校首先做订餐平台的项目，实现单校月营业额达8万元。

于2014年6月创办太原市楼梯间科技有限公司，开始进行转型，运营楼梯间—快递服务站项目至今，现已遍及山西各地，并于2015年获得晋城银行及人人天使种子轮融资，于2016年获得宅代洗及兼职地带天使轮融资。曾受到李克强总理，山西省长楼阳生等领导的关怀与接见。该项目也曾获得校园黑马创业大赛全国前十，互联网+大赛山西省金奖，入选山西省星火计划扶持项目，晋商杯特等奖等奖项。

一、创业故事

总理当面点赞的快递创业项目，现在怎么样了?

此文转自快递杂志记者苗琳

一位在校大学生，如何从宿舍小卖部“玩”出覆盖山西10家高校的“基于校园物流的生活圈子”? 一个大学生创业团队，为何获得李克强总理的当面鼓励和点赞? 基于校园快递“最后一公里”创业的李馨乐团队为传统快递服务注入了知识的力量。他们从草根走向专业化，从大学生创业团队蜕变为专业团队，诠释着“我能”的执着创客精神。

二、总理到访，当面点赞楼梯间

2016年1月5日，李克强总理在山西考察期间，在太原清控创新基地楼梯间办公室对“楼梯间”大学生创业团队的工作给予了肯定与鼓励。太原市楼梯间科技有限公司首席执行官李馨乐回忆起当时的场景，依然备受鼓舞，“我向总理介绍说，楼梯间是基于校园物流的生活圈子，做好快递一站式服务，同时针对学生痛点提供洗衣洗鞋等生活服务。总理鼓励我们加入‘双创’，并特别指出，‘校园物流低成本、高流量，这个切入点不错，‘互联网＋快递’的模式比较新颖，你们要脚踏实地，实事求是，楼梯间加油，祝你们成功！’”

李克强总理接见

山西省长楼阳生接见

这个由李馨乐等3名在校大学生在2014年6月创立、至今已40余人的创业团队，现已分别在山西农业大学、山西财经大学、山西大学、运城学院、山西煤炭职业技术学院、山西旅游职业技术学院、太原大学、小店教育园区等成立了10所楼梯间服务站。

不足两年时间，李馨乐如何带领创业团队“玩转”一个基于校园物流的生活圈？楼梯间靠什么获得众多大学生的信赖和支持，并让总理亲自点赞？

三、校园快递，“快递＋”服务是关键

“以前，楼梯间定位于快递服务站，现在是生活服务站。只做快递服务站有很多弊端，比如收入只有收派件，不仅加盟费和保证金较高，房租和人力成本等也在上升，盈利特别少。快递业务带来的几百人日流量不能得到合理的转变。此外，抗风险能力也比较差。与快递企业的合同是一年一签，不确定性较高。”据李馨乐介绍，现在的楼梯间定位于“基于校园物流的生活圈子”，以“快递＋洗护”为主要业务板块，将快递流量进行高效转换，致力于为在校大学生提供最贴心的生活服务，包括快递一站式服务、校园金融、洗护等生活服务，增加站点收益，提升团队竞争力。记者了解到，预计今年楼梯间可完全收回成本。

对楼梯间的未来发展，品牌联合创始人金宜楠说：“当快递业务稳定后再开始第二阶段的业务开拓。利用快递流量优势，开发自己的管理系统，切入一个像洗护这样的相对低频率高利润的市场。目前要把基础业务做好，再开展多样化经营。我们的标准化管理是竞争优势，理念是让校园生活更简单。”

为使快递收发件更加专业、规范，楼梯间自行研发“鸟巢系统”。该系统可管理楼梯间所有快递业务。“每日有日统计报表，每周有周统计报表。‘鸟

巢'简化了工作流程，实现一人一把枪一账户，登录计工作，工作计业绩。同时，它还可应用于多家快递公司，全部统一操作，大幅提升作业效率。"楼梯间快递业务主管李剑说。

李剑认为，楼梯间快递服务最大的优势是安全和高质量。"有店面和信息系统做保障，几乎不会丢件。同时，我们为学生提供'小楼跑腿'服务，需要取件或寄件的学生只要在微信平台下单，就会有专人如约上门送件取件。"不过，李剑也坦言，自身的校园"最后一公里"业务成本较高。"相比快递企业直送，我们成本要高一点，利润要薄一点，但我们优势在于服务和口碑都要好很多。"

李馨乐告诉记者，快递是朝阳产业，处于上升期，楼梯间的创业模式也会随之发展。他对记者透露，到 2016 年年底，楼梯间预计将入驻山西 53 所高校；快递日派件量达 25000 件，日寄件量达 3750 件；移动客户端用户数达 20 万人；洗衣洗鞋日订单达 2000 单，日交易额 36000 元。

四、创业维艰，楼梯间怎样炼成

"我从小就想成为一名企业家。大学生活让我感觉是时候去追逐自己的梦想了，于是我就拼尽全力，要去实现它。"李馨乐外表朴实，略显内向，炯炯有神的眼里透着执着和坚韧。

团队照片

从 2013 年开始，李馨乐尝试了宿舍小卖部、校园信息分类网站等不同的创业项目。2014 年 6 月，太原市楼梯间科技有限公司在山西财经大学一间宿舍里成立。团队成立之初，楼梯间主要通过微信平台提供订餐服务。"当时，我们几个合伙人和一些兼职学生负责配送，订单量每天都增加很多。后来，外卖大平台进驻太原，大幅补贴争抢市场，再加上我们配送成本较高，不得不转型开线下店，租了一个 10 平方米的小店铺。一边卖水果，30 分钟送货上门，24 小时包退换；一边做快递代派，通过谈判以便利店形式与顺丰有了合作。”这是“楼梯间”最初的形态，业务丰富但定位欠清晰。

李馨乐感叹：“当时不觉得‘杂’，现在回想起来，才看清问题。”2015 年，楼梯间开始专一整合周边的快递服务，为学生提供一站式服务。“最开始与快递企业谈合作，他们认为大学生创业不太靠谱。一方面没有经验；另一方面创业初期在人力、管理等方面存在不稳定因素，大家都觉得没有安全感。”至于为何选择快递创业，李馨乐说：“快递业务操作起来更顺手，能进行标准化复制。我们希望运用快递带来大客户流量，后期即可转换至其他业务。”

创业之路的艰辛也让金宜楠感慨万千：“2015 年 6 月是创业最艰苦的时候，快死了的感觉，真是背水一战。团队面临站点模式探索、资金匮乏、管理混乱等问题，团队成员自己掏腰包拼凑的三十多万也快用完了。”同年 8 月，晋城银行与人人天使一笔 50 万元的战略投资挽救了楼梯间。楼梯间用这笔资金引进技术、招聘管理团队和专业人才，开拓市场，加强标准化管理，统一团队形象，并研究制定了楼梯间快递服务作业指导手册。“我们从草根走向专业化，从大学生团队蜕变为专业团队。”

纵使艰难，楼梯间创业团队依然坚持。金宜楠认为，团队领袖李馨乐对创业的执着令人佩服。“他特别倔，很有韧性，执行力强，有危机意识，学习能力强。他认为楼梯间这个品牌肯定能做成。创始人有这样的信念，就会感染团队。只要敢想，就去做，不断调整和试错，坚持做下去，一定能做成。就像馨乐的口头禅，‘咱们可以的’！”

确实，步入正轨的楼梯间已在全国各类创业比赛中斩获多个奖项：中国创翼大赛银翼奖，校园黑马大赛全国三等奖，全国大学生“互联网 +”大赛铜奖，第二届“晋商杯”大学生创业大赛特等奖……李馨乐对创业同样信心十足：“创业很艰难，但我们很有信心！许多人说大学生创业不靠谱，失败率很高。但无论什么时候开始创业，都有可能失败。反过来想，大学阶段试错成本比较低。与成家立业后再创业相比，成本和压力是不一样的。我们要趁年轻，尽力为以后的成功打好基础。”

（山西省高校毕业生就业指导中心供稿）

陕川精致小食的新标杆

——山西艺术职业学院苏喆创业事迹

夜幕降至，并州路上一处建筑发出了夺目的光，巨幕 LED 环绕着整栋建筑外围，如夜空中的星辰引起路人纷纷注目并热烈讨论。这里名叫中正天街，是太原首家露天商城，整体设计糅合了现代和波普风，汇集了吃喝玩的各类新奇项目，已然成为太原人时下最火的休闲新去处，也是新的地标。而有一家主营陕川小食的店以火热的味道、热火的人气在太原形成了粉丝小风潮。这个人气极旺的店名叫“路转粉”，而创始人是一位帅气“90 后”小伙子。

“路转粉”这三个字以迅雷不及掩耳的速度席卷了龙城，店里出挑又古典的环境下，餐点精致而道地，每每到了用餐时间店内人声鼎沸，店外大排长龙，不少人跨越大半个城市只为那一碗酸辣粉，更有不少顾客，在用餐后又再外带几个肉夹馍，许多老顾客带着朋友来的第一句话便是“这家店的味道真不错，我在太原吃过最好吃的酸辣粉，尤其那个肉夹馍，你肯定没有吃过那么酥脆的”。创始人苏喆创办“路转粉”这个品牌的初衷便是为省城太原带来最为道地的酸辣粉，引入最高水准的陕西潼关肉夹馍。

一、年轻的老板，年轻的“路转粉”

一碗火红透亮的“路转粉”酸辣粉呈上来，粉顺口弹牙，汤酸辣鲜香，小葱细嫩，肉酱醇香，花生爽脆，一口下去宛如饕餮，味道层次丰富，唇齿留香，正宗重庆味！另一个招牌——陕西老潼关肉夹馍，先煎后炙烤的面饼圆润敦实十分饱满，表面微黄伴有极美的旋状条纹，精致又激起食欲，最惊人的是入口的口感，看着厚实的肉夹馍咬下口，异常酥脆轻巧却不零散，旋状条纹的饼皮入口便绽放开，细嫩的肉结合面香，让人拍案叫绝，再配一口爽滑的酸辣粉，完美。赞叹的同时不禁令人好奇，这个牛气冲天的店会有一个怎样的老板。

老板苏喆是一个土生土长的太原人，帅气阳光，眼神中却有着藏不住的坚定和果敢。攀谈时会时不时提起音乐，这位 1992 年出生的老板在大学主修音

乐专业，师承山西巴松第一人，弹得一手好巴松，初见很有艺术气质仿若十指不沾阳春水，却做了最接地气的小食。路转粉的名字是他亲自取的，一方面店在转角有一“转”字很贴合，另一方面寓意路转过的人都会被吸引走进来，吃一次就会从路人转成粉丝，店里主营酸辣粉，一个“粉”字既指粉丝也是酸辣粉，这个玩趣生动的招牌也确实带来了好运。创办不到半年便收回了成本，不到一年已有 4 家分店在建，有趣的是许多有加盟意愿的都是路转粉的老顾客，因为自己非常喜欢而想要加盟，并不断有人从吕梁、榆次、晋中等周边地区慕名而来想要加入“路转粉”。毫无疑问“路转粉”是年轻的，餐饮业各花各开，遍地开花的现状下，创业的切入口选择了餐饮业无疑是有风险的，也曾有很多人不看好，但苏喆让它转着转着生根发芽火起来了，迅速成长的源动力便是市场的需求，是大家对它的认可。年轻的老板年轻的店，年轻加年轻碰撞出了大大的可能性。

二、不添加味精的小食，严选的食材

在餐饮业想要争得一席之地，没有过硬的看家本事就像大海中的一叶扁舟，纵使投入再大也难保其收。老饕都了解，如果一家店菜单冗长往往会淡化食客的记忆点，什么都做什么都普普不精，失去了记忆点的饭店就只会沦为老板谋生的工具，食客饱食的手段，少了些情怀。苏喆在创立“路转粉”时，便决定做一家精简菜单的小食店，而每一样都要做到业界最精，店内主营两样东西：酸辣粉和陕西老潼关肉夹馍。

市面上的酸辣粉大多味道不正宗，且添加剂过多，入口难以掩盖的味精味和浮于表面的酸辣，成了快意快销的快餐，其实酸辣粉是揉合了川渝文化、有着深厚历史的产物，史料记载最早的酸辣粉已经可以上溯到三国时期。苏喆在了解了酸辣粉的制作后，发现味精只会表面地提鲜，容易掩盖事物本身的原味，决心做不添加味精又味道正宗的酸辣粉。让大家吃得放心，这也意味着对食材的要求更高了，他一趟趟地折返太原重庆，为了制作辣椒油，精选了三种辣椒复合炒制，在几个生产辣椒的村落中寻到了最适合做酸辣粉的二荆条辣椒，肉质厚实色泽鲜亮红艳如火，将海椒去蒂洗净晾干水分后，剁成碎块，边剁边翻动，使碎块大小均匀，加上剁碎的姜末、蒜米，再用精盐、白酒拌匀，装坛密封40天后，即成。而酸辣粉中的又一关键——麻，麻椒则选取了汉江大红袍的青红麻椒，当地人用古法晾晒，用特制纸张包装寄回太原保证食材不受湿度变化。而粉条的选择更是严选，在当地人的指引下，选出了13种适合做酸辣粉的粉条，有机器生产有手工粉，粗细不同，制法不同，口感不同，苏喆和家人用不同粉条尝试制作了近50次，横向纵向对比，一度试吃到舌头麻木分辨不出差别，就请朋友帮忙试吃，一周的时间最终定下了，由一位当地非常有名的手工粉师傅用最新鲜的红薯按照古法手工打制，没有一点工业化学添加，粉条通体明净，弹牙却不粘，入口Q滑，苏喆知道他离成功又近了一步。

在一趟趟赶往重庆的路途中，苏喆和家人总会经过一个古朴的城市——潼关，每每在此处歇脚便会去吃一家当地有名的肉夹馍，老潼关肉夹馍已经申请了非物质文化遗产，它特殊的制饼工艺和卤肉工序就像川剧变脸一样，而且正宗打饼技术只传潼关人，还需拜师，味道绝佳又神秘。苏喆发现了新的商机，如此具有匠人精神的肉夹馍太符合他的创业理念了，他和父亲再次驱车返回太原时，毅然决定把如此美味的肉夹馍带回太原。不惜三顾茅庐终于将那位技艺精湛的师傅请来了太原，潼关肉夹馍和酸辣粉的组合妙极了！肉夹馍的面粉和肉的选择上依然沿袭了精选严挑，苏喆的思路是自己家吃什么肉，就选比那个肉更优质的。

三、比方向更重要的是不懈和努力

大学刚毕业时苏喆也迷茫过，不知该选择进体制内的稳定，还是自己谋事创业做自己想做的事情，他给了自己一年的时间，做过保险业务员，艺术品销售，巴松训练老师，呆过交响乐团，最终，从小受父亲做生意的熏陶，心怀理想的他不愿被束缚，选择了创业这条路。

关于创业，他给创业者的建议是不懈和努力比方向重要。他的观点是，创业应该以提升创业者自身为核心，继而持续提升不懈地寻找最优解方法论，由于市场环境、团队、资金、人才储备一直处在动态变化中，这导致创业者要在一定时间内迅速捕捉去做最优选择。创业首先面临的是方向问题，这也是时下创业者最关注的点，对于首次创业的人来说，方向并不是决定成败的，只要对行业有基本认知，有了对大趋势的判断就不会有太大偏差，方向对于相对成熟和重复创业者则非常重要，因为方向将决定能把事情做多大。对大多数人而言，努力比方向重要，要做到大处着眼小处着手，大处着眼需要对行业趋势和客观条件的基本判断，这就需要深入学习观察，不努力落到实处，很难辨得清接下来的方向，苏喆从开店至今，每天都早 8 点去店里忙到晚上 12 点才回家，为了适应本土的味道一次次尝试。而努力不仅需要攻克繁杂的琐事，还要顶得住众人的质疑，能想人所想，想人之不敢想，然后去组建一个执行力强的团队，大胆迈出第一步！

创业是一个市场经济行为，“路转粉”是成功的，不仅因为苏喆敏锐的商业嗅觉，他也十分感恩身边人的支持，学校老师的指导，父母事必躬亲地支持，女朋友的理解和帮助。集大成者都会经历劳其筋骨，饿其体肤，空乏其身，最终增益其所不能。

（山西省高校毕业生就业指导中心供稿）

一切都是最好的安排

——太原理工大学杨宇鹏创业事迹

杨宇鹏是2014届太原理工大学化工学院的一名研究生，他是一名“罗辑思维”节目的铁杆粉丝，据说他从第一期开始追罗胖的节目，一期不落的听了5年，罗胖所讲的内容大部分都与互联网和创业有关，就是在罗胖的熏陶下，一个化工专业的研究生被“忽悠”成了互联网行业的创业者。

罗辑思维的第一期题目叫向死而生，杨宇鹏的创业路也的的确确的经历了一回向死而生。2015年3月，杨宇鹏开始启动它的创业历程，一开始他召集了他的同学、朋友一共五个人一起开始了创业征程，起步缺少资金，依靠团队的力量凑齐了20万启动资金，没有办公场所，他们四处找办公室，学校老师提供信息，在高新区租了一间已经不能叫办公室的空房，也许大家不相信，当时的办公室，隔壁就是厕所，环境非常差，但是由于房租便宜、无物业，对于初创的小伙伴还是很欣喜的。

办公室也租了，资金也筹了，第一个选择题也随之摆在了杨宇鹏他们面前，做互联网？互联网怎么做？做哪一行？是自主研发还是代理产品？团队内部也有了分歧，有人提出先代理一个产品试着做做，也有人提出自己研发项目。经过反复讨论，他决定带领大家先去学习考察。于是团队一行五人来到北京中关村，这里是全国互联网创业的圣地，为了节省经费，五个人挤在一个小宾馆里。白天全体出动一层一层的刷楼，晚上回来大家碰头，一起讨论，敲定自己的创业方向，完善自己的产品构架。经过半个月的折腾，创业团队走遍了中关村的每一栋楼，每一间办公室，了解了其他人在干什么，然后经过不断的讨论，最后决定把自己的产品定位在商业服务端，做立足城镇，扎根农村，服务本土的商业积分系统。并把自己的项目命名为“兑勾商盟”山西兑勾网络科技有限公司也随之诞生。

2015年5月，兑勾网络注册成立，杨宇鹏和他的团队正式开始自己的创业之路，市场调研，人员招聘，产品研发等工作全面展开。然而摊子一铺开，才发现当时大家拼凑的20万元，根本支撑不了几天。大家齐动脑，一方面做产品研发和人才招聘，另一方面积极寻找投资人。那段时间，杨宇鹏天天都在寻求资金，由于没有房产，没有稳定工作，银行不愿意给他们提供资金。有限的资金一点点地消耗见底，产品研发到了紧要关头，市场铺垫也逐步到位，但还没正式开工，资金却没了，账面不足1000元时，年轻的创业者们陷入了困境。坚持还是放弃？或者继续投入？可是借的钱还没还，从哪里再去筹钱？当时，总经理杨宇鹏召集公司的所有人开会，跟大家客观地分析公司的现状，诚恳地提出公司资金缺乏的窘境，让大家选择：愿意留下来，公司有了钱一定补偿大家；想离开的，他个人垫资结清工资。最终，没有一个人离开，团队的不离不弃给了他莫大的安慰与勇气。

终于天无绝人之路，一个偶然的机会，杨宇鹏见到了他创业过程中的第一位贵人，这是一位民营企业家，从事房地产等传统生意，第一次见到杨宇鹏时，起初只是应付地听听，但是随着深入了解他们所构架的商业模式和未来预期时，这位企业家开始真正考虑自己是否该转型发展。第二次见面，杨宇鹏带着他的五个创业小伙伴一起来见这位投资人，团队对产品的专业设计与市场的前瞻深深的吸引了这位企业老总，于是当即决定投资80万元，入股兑勾网络。

2015年7月26日，位于清徐县紫林路兑勾体验中心正式开业，开业前的招商大会，30余家商户现场签约，开业一个月兑勾商盟用户数达到5000人，两个月达到2万人，兑勾商盟的商户从30家增加到80余家。兑勾的团队也从12个人扩增到40个人。然而，获得融资喜悦仅仅持续了三个月，由于对市场的预估不足，市场在2015年年底的时候进入了寒冬期，各行各业倒闭如潮，银行紧缩信贷，市场萎靡不振，过度扩张给兑勾网络带来了沉重的成本压力，不仅如此，团队内部也开始出现隔阂，公司亏损和负面情绪像瘟疫一样传染了公司的每一个人，大家都不相信公司能继续。团队成员们来自家庭方面的压力也日益增大，投资不见效，一年以来一事无成，还欠了一屁股债，他说那段时间，相比第一次融资前的困境，简直就是地狱和天堂。人性、现实、资金、家庭、公司所有的矛盾仿佛顷刻间都要爆发。

终于导火索来了，公司业绩的持续低迷，资金链断裂，数月工资拖欠，导致研发人员出走，公司的核心成员之间也因为积压已久的情绪爆发了一场无法挽回的争吵。员工离职，管理层出走，剩下的十几号人成了反围剿后的红军被迫走上了长征路，没有粮草，没有弹药，只有两条腿一张嘴，努力维系着兑勾商盟的业务。同时，他不断地寻找各种途径融资。

2016 年 5 月，公司剩下只有 10 个人了，断粮 4 个月的兑勾网络成了创业路上的苦行僧，那个时候说坚持，说放弃，都已经显得苍白无力。杨宇鹏也明白投资人的规则，只做锦上添花，没有雪中送炭。银行的大门从未敞开对他这样的草根创业者，他仿佛看到了自己孤零零战斗的场面，好像战场上厮杀到最后一个人。催款电话每天不断，账面的回收资金都等不到第二天，失败仿佛从没如此靠近自己。自己燃烧的梦想似乎要烧成灰烬了。

“这个世界上，没有一片雪花会落错地方，一切都是最好的安排。”

2016 年 5 月底，突然一位长者来造访，他是一名老教师，正好病假期间来清徐会友，正巧他的朋友就在兑勾体验中心隔壁，好友不在，这位老师四处闲逛，恰好来到了兑勾体验中心，晚上十点多，杨宇鹏正独自在空荡荡的办公区内徘徊，这位突然拜访而来的陌生人，却让他感觉到如此亲切，他们开始攀谈，彼此聊着对方的故事。

接着，这位老师带着他去见了当地一家连锁超市的老板，杨宇鹏将他的商业模式与未来构想讲述完以后，突然发现自己的模式与这位老板所经营的连锁超市是如此的契合！经过三天的谈判，双方达成了合作意向决定投资成立好乐兑公司，好乐兑公司不仅继续兑勾的积分业务，还将收揽连锁超市的全部会员积分系统，与此同时，兑勾体验中心将由连锁超市负责运营。双方各自发挥优势的同时，回避了自己的不足，一次偶然的谈话，为兑勾网络带来了前所未有的转机！

2016 年 6 月 15 日，清徐好朋友连锁超市，乐村淘清徐运营中心，兑勾网络三方正式签署战略合作协议，好乐兑项目成立，兑勾网络的发展迈上了崭新的台阶！

2016 年 9 月，第一家银行机构清徐晋商村镇银行与兑勾网络合作，银行积分系统纳入好乐兑平台。

2017 年 1 月，好乐兑项目实现扭亏为盈，好乐兑网络与第一家保险机构——太平洋保险达成合作意向。

2017 年 2 月，吕梁太平洋保险与兑勾网络签署战略合作协议，双方共同出资成立上海麦兑网络，兑勾网络第一次走出了清徐，开始开辟吕梁市场。

2017 年 3 月，麦兑网络与晋城银行展开积分业务合作。

2017 年 4 月，杨宇鹏与他的大学同学赵建伟共同发起了众筹主题客栈——大象酒店项目，众筹款项 100 万元。

2017 年 6 月，杨宇鹏参与发起的省内第一家大学生众筹酒店——大象酒店正式开业，同时兑勾网络借助大象酒店项目将兑勾商盟带到了榆次，兑勾商盟榆次项目部正式成立。

这就是一个初创企业大学生的成长经历，包含着心酸、欣喜、欢乐、痛苦……，“天将降大任于是人也，必先苦其心志，劳其筋骨，饿其体肤，空乏其身……”，雏鹰在磨难中前行，期待展翅高飞的雄鹰，期待我们年轻的创业者成为“互联网 +”时代的英雄。

（山西省高校毕业生就业指导中心供稿）

附：

主要获奖历程：

2015 年 11 月获得第一届全国移动互联创新创业大赛软件组全国三等奖；

2016 年 7 月获得创翼中国全国大学生创新创业大赛“创翼之星”称号；

2016 年 9 月获得第二届全国大学生互联网 + 创新创业大赛山西一等奖，全国铜奖；

2016 年 11 月入选山西大学生创业就业星火计划项目；

2017 年 1 月当选太原市清徐县工商联合会委员。

内蒙古

行是知之始，知为行之成

——包头职业技术学院朱海洋创业事迹

梦想从来不会选择人，它是上天赋予每个人构建未来蓝图的神奇画笔。梦想不分高低贵贱，只要你心中有梦，肯坚持就会成功。正如包头职业技术学院的朱海洋，他的心中就一直有这么一个梦想，他想用大学所学的专业知识，去改变家乡传统面朝黄土背朝天的农业。

一、有志者自有千方百计

早在 2014 年，朱海洋就与身边的同学和朋友在农村老家承包土地创业。他认为农作物产量之所以上不去、经济效益过低是直接影响农民积极性的关键因素，于是，越来越多的农民选择外出打工，诸多的社会问题随之产生。留守老人和留守儿童越来越多，老人的赡养和孩子的教育得不到根本性的保障，所以改善传统农业已成为重中之重。

当时朱海洋的父母、亲人、朋友们对他的创业梦想并不支持，甚至觉得荒谬至极。然而朱海洋顶着各种压力，与身边人的不理解，一路坚守着自己最初的梦想。

二、世上无难事只要肯登攀

中国最大的粮食主产区豫东平原，是朱海洋从小生长的地方，他太热爱自己的家乡，也因此选择在这片土地上开始种植他的梦想——对传统农业进行智慧改造。通过调查，他发现有八千万亩可利用的土地，尤其在小麦种植的过程中，虽然种与收都已实现机械化，但灌溉施肥仍需要传统的人工，这样不仅费时还费力，在大规模的种植情况下，经济效益更是得不到任何保障，这对农民来说堪称致命打击。

朱海洋经过一次次的实验和研发，一次次的学习和测试，终于利用温湿度传感器、控制柜把灌溉的问题解决了。然而，还有一个问题始终困惑着他：一年两季的种植、收获与耕地犁地的管道问题，敦促着他开始了新的探索。

三、量的积累造就质的飞跃

炎热的夏天，多少个日日夜夜的付出，朱海洋整个人日渐消瘦，创业根本没有那么简单。没有资金来源、没有研发人员、农民没有固定资产……为了少花一分钱，他骑着自行车到几十里地外的县城，只为买一个价格相对便宜的元器件；为了让合作社的农户少走弯路，他奔走于河南农科院、河南农业大学、解放军信息工程大学等物联网科研单位，寻求产学研合作、寻求科技局的支持，直到联系到以色列的国际灌溉公司，他的诚意与坚守，终于换来了英国农业创新署工程师的技术支持，也终于完成了传统灌溉施肥技术的革新改造。

朱海洋在寻梦与圆梦的路上渐行渐远，他自学计算机物联网技术，借助物联网和大数据分析技术，对农作物生长数据进行实时采集和分析，系统可以自动预警作物病情灌溉并提出解决方案。科研团队用分析后的数据编写“日标准工作流程”，为合作农场提供标准化技术，农民负责种植，公司负责开拓市场和销售渠道，销售高品质的小麦，保证了农产品食品安全。这个方法既降低了小麦种植的技术门槛，农户可以“零基础”轻松种植高品质小麦，又保证了农产品的食品安全质量。

四、成功总会青睐勇于飞翔的人

目前，朱海洋的智慧农业已辐射带动了近 40 万亩的作物种植，创造经济效益高达 8000 多万元，每亩小麦增产增收 200 元人民币，农民收入提升到了万元以上，直接或间接带动农民 4000 余人，智慧农业之路已经安然起航。

永不停歇的朱海洋又与同学们建立了新的实验基地，解决了长期困扰传统农业发展的三大难题——技术、管理、销售，继续为全国 160 万中小农场、2 亿多农民提供着服务。目前，他的公司在小麦和大豆品种研发、土壤还原技术、生物肥料，农业大数据、物联网农业领域，建树颇丰，打造了中国安全农业、农民返乡创业致富的新局面。

他的公司已成为省农科院药材实验基地、河南省农村金融创新示范基地、河南省农业科普基地以及大学生创业实习基地——巾帼农业示范基地。

朱海洋的先进事迹，以及由他开创的合作社大田托管发展模式，陆续被《中国青年报》《新京报》《凤凰网》等多家媒体争相报道。

"为了让中国的农民投入更少、收获更多，改造传统农业、开拓实践智慧农业，打造中国的安全农业"，这是朱海洋敬畏大地之心不停追逐的伟大梦想，他怀揣着永不放弃的精神与造福百姓的夙愿，一直为推动互联网 + 科技农业的发展与中国传统农业的转型贡献着自己的那分力量。

（内蒙古自治区高等院校毕业生就业指导中心供稿）

宝剑锋从磨砺出

——赤峰学院刘长江创业事迹

在赤峰学院美术学院2015届100多名毕业生中，刘长江无疑是其中最具有传奇色彩的人物之一。这位25岁的通辽籍小伙子，凭借对美术的满腔热爱，一直行走在追逐梦想的道路上，于毕业前夕组建了自己的团队，创办了赤峰七号美术工作室，成为校园里的创业励志楷模。

一、四年磨一剑

2011年，刘长江考入赤峰学院美术学专业，由于成绩优秀、表现突出，大学期间始终担任班长，并获得“自治区三好学生”“自治区优秀毕业生”等多项荣誉和奖励。四年里，刘长江做过许多兼职工作，大一时从发传单开始尝试，大二时和同学一起开过鸭脖店，大三开始逐渐涉及和自己专业相关的领域，做过墙体彩绘和木工类装饰、雕塑等工作。

在刘长江的价值观里，兼职不只是又苦又累赚点零花钱那么简单，而是从业的尝试、经验的积累、人生的财富。每一份工作都为他日后创业奠定了基础，他也在兼职过程中逐渐萌生了创建自己工作室的想法。

有梦想就要立志去实现，在刘长江的坚持和努力下，2014年11月，赤峰七号美术工作室成立，并在2015年4月正式注册。

刘长江认为，自己能够走上创业之路和学校一直重视对学生的创业教育有很大的关系。通过学校的创业教育和指导，很多同学都具有很强的创业意识，学校还批准了他入驻赤峰学院大学生创业孵化基地的申请，并提供了电脑打印机等办公设备，为工作室的筹办节约了大部分资金。在工作室成立初期，老师、家人、同学和朋友都给了他无私的支持与帮助，让他有足够的信心和勇气去克服创业路上的种种困难和阻碍。

创业初期，刘长江赶上了内蒙古自治区“十个全覆盖”的东风，接到了大量墙绘订单，赤峰市许多农村的文化墙便是出自刘长江和他的团队之手。2016 年，凭借着巧夺天工的技术和精益求精的精神，刘长江成功谈下了吉林省辽源市凯旋王国两千多平米水上乐园彩绘工程。同时，七号美术工作室先后在赤峰、通辽、北京、辽宁、吉林等地区接过彩绘工程，深深的脚印走向越来越多的城市和地区。

二、今朝试锋芒

机会总是青睐有准备的人。毕业前夕，刘长江就开始与外面的广告公司和装饰公司接触，并且成功谈下了几千平米的彩绘工程，这为七号美术工作室挖到了第一桶金，也为事业后期发展提供了经济保障。

有过开鸭脖店经验的刘长江在创办七号美术工作室后并没有盲目投入大量资金扩充市场，而是写了一份详细的商业计划书，并通过参与创业大赛的方式来检验工作室的经营模式。最后，凭着独特的商业模式和市场评估及项目的可行性，七号美术工作室项目获得内蒙古自治区“万达杯”创业大赛优胜奖、赤峰学院第三届大学生创业大赛一等奖。

在获得评审导师的指导和认可后，刘长江和他的团队有了更足的干劲，也有了更大的信心，他们和所有创业者一样，勤奋、拼搏、不轻言放弃，挥洒青春的汗水，浇灌梦想之花。

2015 年年底，在七号美术工作室成立一周年之际，刘长江也被评为“赤峰市 2015 年玉龙人才优秀青年创业人才”。

2016 年是七号美术工作室的成长的一年、攀登的一年、进步的一年，刘长江和他的团队以极度负责的敬业态度赢得了客户的称赞，老客户介绍新客户，新客户再成老客户，这对七号美术工作室推广市场起到推动作用。现在赤峰七号美术工作室团队已经扩充到 16 人，其中专职 4 人、毕业生兼职 4 人、在校学生兼职 8 人。同时，七号美术工作室与在校学生张敏等四名同学共同申报了内蒙古自治区大学生创新创业实践项目。并为赤峰学院美术学院在校学生提供了兼职实习岗位，课外实践和三下乡社会实践为他们提供了无偿支持和帮助。

三、仗剑走江湖

奥斯特洛夫斯基说，生活赋予我们一种巨大的和无限高贵的礼品，这就是青春，它充满着力量，充满着期待志愿，充满着求知和斗争的志向，充满着希望和信心。

在接下一张又一张订单，看着自己倾心尽力创作出的作品展现在客户家里、店里、公司里，刘长江和他的团队成员都感到无比骄傲与自豪，他们距离梦想又近了一步。

当事业扇动双翼，准备着腾飞的姿势，刘长江渐渐悟出：创业远没有他当初想的那么简单，创业不仅仅只需要满腔热血，也不是只需原地等待时机，而是要脚踏实地，要艰苦奋斗，更要坚持不懈，唯有如此，才会有更大的可能走向成功。

刘长江认为，墙绘是一个很有前景的行业，适合在校大学生和刚走出校门的大学生。他分析道："这个创业项目既有发展前途又不需要太大的资金投入，主要凭我们自己的技术和能力来完成，创作过程中既可以提升自己又可以积累经验。"说起下一步打算，刘长江表示会适当地和赤峰学院美术学院接触，鼓励在校学生成立个人工作室，与美术学院形成"产""学""研"一体化发展模式，与赤峰地区的艺术工作者们努力打造赤峰地区独具特色的艺术社区。

未来的路很远很长，刘长江自认为还只是个初出茅庐的毕业生和创业者，不但需要更多的历练机会，更需要不断提高与深造。他计划经常出去走一走、看一看，及时到一线城市充电学习，寻求新的突破与进步。

沮丧过、抱怨过、甚至绝望过，但最终没有放弃，刘长江的梦想单纯而美好："我特别希望能够用心做一些事，用墙绘的方式表达艺术、表达美、表达梦想。"

（内蒙古自治区高等院校毕业生就业指导中心供稿）

一个走在创业路上的寻梦少年

——内蒙古师范大学鸿德学院张鑫创业事迹

从一个刚刚进入大学，满脸兴奋一切都靠父母提供的懵懂少年到拥有三个项目，数十个员工的大学生创业代表的领头人；从一个一到星期天就消失得人影全无玩耍的孩子到星期天风餐露宿，晚上回宿舍倒头就睡的劳累背影；从一个原来连一学期课程都旷课的顽劣学生到如今努力旁听二学位经济类课程的孜孜学子，平凡的张鑫只用了一年半坎坷经历便华丽完成上述转变，成就了可喜的事业，实现了人生的价值，诠释出一段普通学子白手起家的创业传奇。

张鑫，男，1995 年出生，内蒙古鄂尔多斯东胜区人，就读于内蒙古师范大学鸿德学院 14 级人文系新闻 2 班。任学院第十届人文系团总支学生会主席。自 2015 年上半年创业以来，迄今两年间，先后于 2015 年 6 月 23 日组建了“The Flash 校园交易平台” APP，2016 年的 1 月 20 日注册“闪创网络信息工作室”和 2016 年 2 月 25 日创办“东胜洗衣”三个项目，目前均取得不错成绩，基本进入盈利阶段，为学校鼓励大学生创业作为榜样迈出坚实一步。

一、响应号召，初创 APP

“梅花香自苦寒来，宝剑锋从磨砺出”，张鑫走过的路程并非一帆风顺，相反，他的创业历程充满了荆棘与峭壁，但他凭着顽强的拼搏精神，坚韧不拔的毅力，冲破层层阻碍，脚踏实地，稳打稳扎，打造出发挥自身价值的事业平台。

当“大众创业，万众创新”的口号响彻中华大地高校之时，玩性极大的张鑫内心“蠢蠢欲动”。张鑫满怀创业激情的开始进行市场调研，将市场范围定于本校校区内，将大学生购买欲强、购买力高、购买途径少作为实践方向，迈出了创业第一步。俗话说，万事开头难，摆在张鑫面前的问题数不胜数：头期资金还未落实，技术上（网页制作）存在瓶颈，宣传尚不到位……在诸多困难面前张鑫没有屈服。为了节约资金，能自己办到的事情绝不请人花钱办，筹集资金的主要途径就是来自自己的生活费和向朋友借到的钱。张鑫把自己所有的钱都投入到里面，甚至拒绝参加任何聚会活动。为了解决技术人员的缺失这一瓶颈，张鑫亲自上阵，厌恶学习的他通过找老师辅导、自学等途径学习DREAMWEAR PS等软件，历经几个月的的日夜奋战，软件基本成形。做宣传时，采用网络宣传，制作便捷二维码，扫码进入问卷作答。终于摆在面前的困难被他一个一个地攻破了，知名度也随之上升，事业逐渐上了正轨。

2015年6月23日，张鑫的第一个项目“The Flash校园交易平台”APP正式上线，这是一个“O2O”模式的校园交易网站，提供二手市场、服装租赁、兼职信息发布、创意活动策划等服务。

不懈的努力最终会获得回报。在当年6月23日开发出O2O模式校园交易平台，获得非常好的反响，下载量也直线上升，同时也被百度搜索引擎、搜狗搜索引擎、雅虎搜索引擎收录并排入首页。《新浪新闻》以及《内蒙古新闻网》也对此进行了报道。

二、再接再励，再创工作室

张鑫经历了第一个项目的成功后更加雄心勃勃。在第一个项目成功运营半年后，张鑫的技术与资金已经较为充足，在此基础上迅速组建自己的研发团队，以期填平技术上的短板。

张鑫及其研发团队通过对“The Flash校园交易平台”APP运营之后的整体运营状况的调研，深感该平台于移动互联网及数字化的开发应用方面的缺失，历经五个多月的统筹、策划，最终在2016年1月下旬注册成功个人工作室。

2016年1月20日，张鑫团队在工商局正式注册了“闪创网络信息工作室”，专项于移动互联网的开发与应用以及数字化整体解决方案。工作室以丰富的网络资源和创新性的营销思维为品牌产品提供全方位、一站式的网络服务。工作室成立之后，已开始成规模地运营、招揽业务。

三、愈战愈勇，又建洗衣平台

2016年2月25日，张鑫的第三个创业项目“东胜洗衣”正式上线，“东胜洗衣”是一家网络洗衣平台，利用微信平台进行线上预约洗衣、线下上门取衣的服务。首个正式运营的网络洗衣平台位于鄂尔多斯东胜区。

在“The Flash校园交易平台”APP和“闪创网络信息工作室”开展运营一年后，张鑫无论是在项目的研发，团队的组建还是在运营过程中对风险的规避已经具有一定的经验。正所谓追求永无止境。在一次假期中他发现当前内蒙古自治区部分城市生活压力大、工作强度高、休息时间少，导致城市居民尤其是工薪阶层洗衣不便的一大现实问题，促使互联网状态下的低价洗衣市场目前处于真空状态。张鑫团队对市场进行了三个多月的调研。

首先，他将市场定位在家乡鄂尔多斯东胜区内。目前东胜区大型洗衣店鳞次栉比，有亚美洗衣，创新洗衣店，康洁洗衣，基伊洗衣，福奈特，美涤洗衣等，但绝大多数为传统实体店，消费价格不菲。以 2016 年为例，鄂尔多斯东胜区常住人口 45 万，白领阶层 7 万左右，女性不足 20 万，在如此狭小的市场内竟分布着大大小小的 300 余家洗衣店，实体店拥有高昂的成本、房租、水电费，员工的固定工资和绩效工资，这注定了实体洗衣店的消费额度居高不下。

其次，他与潜在合作伙伴进行商务洽谈。为了大幅压低成本，张鑫作为中间者与美丝洁独家合作，加大美丝洁业务量，并且以互联网技术作为基础的洗衣平台无需支付传统成本费。洗一套中低档的西装只需 20 元，一套羽绒服 35 元，远远低于传统实体店的西装五六十元，羽绒服 100 元，价格优势明显。

最后，张鑫着力于优化物流配送系统。东胜洗衣平台的另一大优势是线上预约，线下配送（上门取、上门送）。这对于辛苦工作的白领与操持家务的女性来说独具吸引力。物流配送系统的发展历经三个发展时期：初期，业务较少，雇佣专门配送人员；中期，业务上升，雇佣业务员成本加大，采用物流专用车辆；后期，在上述基础上与出租车发展长期合作关系，每当出租车经过某一客户住所时可以捎带将衣物送还。最后加大宣传力度，既有以往的分发传单，也有网络扫码，有奖问答。

“东胜洗衣”是本着为家庭主妇、都市白领，为城市正在为洗衣问题困扰的人群带来便利为宗旨。在更多人看来充满了新鲜，在推广之初，存在种种困难，用户感到陌生，在此情况下，张鑫逐步改进，优化平台，让一个新奇的平台为大家所熟知。

四、一方创业，校方关注

张鑫在创业之初便得到校内各方力量的大力支援。

在项目创建初期，由于专业知识方面的欠缺，张鑫团队进度较慢。通过负责此类项目教师指导、及时调整方案，努力学习相关知识，理解到创业项目所要研究的主要问题，再对研究方案做出合乎实际的设计，最后取得预期成果。除此之外，在 2016 年学院电视台举办“对话实践，感悟青春”假期实践经验交流会中，院长周玉树分享创业经历，对张鑫进行指导。

五、发展时期，媒体宣传

大学生创业一直颇受社会各界关注，张鑫的项目也受到外来媒体的青睐。

2015年6月23日，《创客中国》栏目进校园，也对张鑫的项目进行了采访宣传。2016年4月22日，正北方网对此平台进行了报道。2016年9月24日参加北京优酷《创业分子》栏目线下交流会。

六、竞赛四海，斩获荣誉

张鑫先后多次参加区内区外创业比赛，获得荣誉。

在第六届全国“三创”杯电子商务大赛，“The Flash 校园交易平台”项目获得内蒙古自治区二等奖；在第三届“挑战杯”大学生创业计划竞赛中，“东胜洗衣”项目获内蒙古师范大学鸿德学院金奖；在学院2017年五四评选中荣获“创新创业先进个人”。

七、饮水思源，回馈校园

在各方的有力支持下，张鑫已取得不俗的成绩。但他坚持吃水不忘挖井人，只要在自己的能力范围内，都会赞助学校举办一些活动，贡献自己一份力量。

八、自主创业，人生财富

自主创业对于张鑫来说是人生一笔重要的财富。

通过实践创业，使张鑫能够发现和识别商业机会，组织各种资源提供产品和服务以创造价值，并且有了能力上的提高，人脉的拓广，思维上的创新以及团队情谊的收获。他在忙碌中充实了自己，学到了很多东西，并坚持认真细致地完成了项目。尽管困难重重，尽管工作量较大，他不断鞭策鼓励自己无论怎样都要有始有终，尽最大努力做到最好。相信自主创业会对张鑫今后的学习、工作和生活产生重大影响。张鑫也希望通过自己的事迹号召那些有梦想、想实践的大学生，不妨去自主创业，锻炼自己，逐步向社会靠拢，实现人生价值。

（内蒙古自治区高等院校毕业生就业指导中心供稿）

辽宁

创业新青年，公司订单突破1000万

——东北大学刘洪伟创业事迹

当周围的同学按部就班三点一线，过着“做一天和尚撞一天钟”的大学生活时，刘洪伟在思索如何能不归于平凡，要闯出自己的一片天。

当大部分大学生毕业后自然而然地走上工作岗位时，他选择另辟蹊径，自主创业。刘洪伟想要成为一只自由翱翔的雄鹰，在国家鼓励大学生创业的这片蓝天下，在东北大学这所创业暖床的孵化下，他已然羽翼渐丰，踏上征服蓝天的征途。

一、东大暖床助力，孕育他日雄鹰

辽宁省优秀毕业生、沈阳市优秀大学生、东北大学校长奖章……一系列的荣誉称号和奖项，让刘洪伟这只雏鹰在还未孵化时，就成了一枚引人注目的“金蛋”。然而创业是一条“一将成名万骨枯”的艰辛道路，在踏出自主创业这条路的那一刻，他的身份就只是一名东北大学计算机学院的毕业生，还有在学校汲取的，给他日后遨游天际提供营养和动力的知识。

东大毗邻首批入选“中国特色商业街”的三好街，这里也曾是沈阳高新技术产业开发区重要组成部分。这里诞生了东软集团等众多企业，更是计算机从业者的天堂，所以刘洪伟有了近水楼台先得月的便利。早在求学之时，刘洪伟除了学习，还喜欢往三好街的大小公司跑，了解公司的运营方式，广交善友，为自己以后创业打下坚实的基础。过硬的技术，良好的专业素养，让刘洪伟东软实习面试当天，就被技术总监派到国务院直属部门国家土地督察局，独自负责湖北省的国土督察任务，期间与一些国家领导人的偶遇经历更加坚定了他创业的想法。

从目标雏形的构建到最后的成熟与坚守，刘洪伟用最美好的大学时光，抓住机遇，首先努力提升自己的技术与专业素质，利用一切有利资源，丰富视觉并培养独立自主的创新意识。在实现梦想的创业路上，艰难困苦很多，不忘初心，方得始终。

二、不经折翼之痛，如何展翅凌云

“大学生创业的成功率只有 1%，也就是说大部分人会失败，但既然还有 1%，那我就要成为那 1%”，这是这只创业雏鹰面对悬崖，即将学习飞翔时的宣言。

万事开头难，对于创业者而言这句话尤为适用。创业初期，没有名气、经验欠缺的刘洪伟决定要踏实做口碑，以自己的担当，拼下务实负责的品牌。

2014 年，刚成立东深科技股份有限公司的刘洪伟团队经历了最艰难的一段时期：公司数十万的款项一直不能付清、客户企业大环境不好，经营不善导致的 100 万的订单违约造成整个团队前期的准备付之东流……资金、市场、人员的压力重重地压在他的肩上，对于初创公司而言这是残酷而且致命的。刘洪伟也曾彷徨过，天空被迷雾遮挡，翅膀疲惫不堪，不知前路在何方。然而，就如那终将凌云九天的雄鹰一样，绝不会因一时的挫折低下桀骜的头颅。刘洪伟带着他的团队，夜以继日，以极大的毅力，不忘初心，克服了一个个难关，终于熬了过来，让客户和同行都感到惊艳和不可思议。经历了这次锤炼后，刘洪伟这只雏鹰再次迎来了蜕变。

“对于创业者而言，其实很多时候我们都是在找一个对的人，不管是合作人还是客户，都是希望找到更值得信赖的人。”慢慢地，凭借“务实、有担当和感恩”的企业文化以及过硬专业素质，刘洪伟团队逐渐在行业内赢得了很好的口碑。这只雏鹰俨然峥嵘初露。

三、天空没有极限，梦想总在远方

飞得越高，便能看得更远，刘洪伟的成功带来的是公司成长期的繁荣发展。2015 年下半年的公司业务不再是单一的软件定制业务，而是走多元化的发展道路，他也开始着手新市场的拓展。2015 年下半年的公司已经脱胎换骨，在创新创业的道路上有了突破性的进展。东深科技与中航工业集团、通兑宝集团股份有限公司等在室内定位等领域展开了通力合作。这份来之不易的发展是以刘洪伟团队积年执着的执念为基垫，加之敢拼、敢闯、敢创新的行动创造出来的。

刘洪伟这只雄鹰没有迷恋半空中的云彩，而是继续扶摇而上，继续前行在创新创业大道上。凭借自主创新的的技术，公司宏图大展，一路高歌猛进，提出“智慧时代 iAge”的战略概念，主要提供大数据服务，研究基于 Beacon 的 Wi - Fi 和蓝牙的室内定位技术，可实现一整套基于用户当前位置的商业服务平台，如智慧商场、智慧社区、智慧停车场等。公司目前已与东北大学、辽宁大学、沈阳航空航天大学等高校建立长期合作关系。可以预见，在不久的将来，刘洪伟的公司会为用户提供更优质的服务，提出更人性化的解决方案，开拓更广阔的市场发展空间。

2008 年，刘洪伟开始创业，成立深蓝工作室；2014 年成立沈阳东深科技有限公司；2015 年公司净利润创下 300 万元的行业纪录；2016 年公司订单突破 1000 万元。从无到有，白手起家，刘洪伟实现了自己当初的创业梦，成为了曾经梦里那只遨游在天际的雄鹰。

刘洪伟说："近几年，国家和学校为我们大学生创业提供了很好的资金、政策和平台的支持，李克强总理还特别提出'大众创业，万众创新'的方针政策。这是一个时代的到来，大学创业的热情正被激活，希望更多的大学生和我们一样能够抓住这次历史机遇，一路向前。"

天高任鸟飞。在"大众创业，万众创新"的时代，天空又高又蓝，百鸟争鸣，只有那些经历过风吹雨打，克服了重重困难的创业者，才能脱颖而出。刘洪伟已经成长为一直雄鹰，但是天空没有极限，他的梦想，也没有尽头。

（辽宁省高等学校毕业生就业指导服务中心供稿）

打造一体化教育服务生态圈

——大连东软信息学院王建男创业事迹

王建男，出生于1992年7月27日，毕业于大连东软信息学院计算机科学与技术系，嵌入式专业，2015届毕业生。曾在北京豆果科技有限公司担任IOS开发工程师，蓝鸥科技（大连）有限公司担任技术经理，大连东软信息学院外聘教师的工作。擅长产品研发与设计以及产品运营。通过对教育市场的了解，致力于为教育市场提供良好的服务。

王建男，男，25岁，中共党员，大连柠盟科技有限公司董事长兼总经理，大连东软信息学院兼职教师。

1992年7月27日出生于黑龙江省齐齐哈尔市，2015年6月毕业于大连东软信息学院。在校期间曾担任东软新闻社社长一职，并先后获得优秀学生干部、科技创新奖、优秀学生社团干部、优秀大学生记者、优秀辅导员助理等荣誉。

2014年，当时还在计算机科学与技术系读大三的王建男凭借着自身的软件技术只身赴京，一心想要到大企业去增长见识，不想简历却石沉大海。备受打击的王建男又回校潜心提升技能。几个月后，王建男再度赴京，被豆果美食破格录用。当了一年“北漂”后，王建男意识到这并不是他想要的生活。2015年3月，王建男又回到了熟悉的地方，作为蓝鸥技术讲师，负责企业内部培训，并在全国各高校进行授课。严禁的态度、幽默的风格让王建男深受各校师生的喜爱。随着走访学校的增多，他越来越清晰地感觉到，大学课堂上有非常多的问题，比如考勤管理、资源共享、学习效果检测等难题，而互联网技术却可以让传统教育模式的很多环节变得更加简便、高效、系统。

2016年7月，王建男辞掉了月薪过万的工作，义无反顾地投身于创业大潮，创立大连柠盟科技有限公司，秉持着互联·服务·生活的企业理念，致力于打造移动化生活环境，励志打造中国第一教育信息化品牌。积极响应《教育信息化“十三五”规划》，助力全面实现教育信息化工作。

2017年4月，王建男受邀开始在母校讲授《从非商业计划到商业计划》。

此时，站在讲台上的他已然是一个风趣幽默、受学生喜欢的“90 后”老师。他的聆课智慧教育系统也在课堂上进行应用，学生的高出勤率、良好的互动，以及大数据导向的精准的学习情况分析坚定了聆课对于教与学的作用。

现在，柠盟科技共有 8 名全职员工，同时与高校产学合作，有 20 名在校生在这里实习。2017 年 6 月 28 日，李克强总理考察时对于聆课给予高度的肯定。“打造一体化教育服务生态圈”是他坚定的信念。选择了创业，就停不下来。在清晰而坚定的目标背后，是瞬息万变的互联网时代，王建男说，他时刻不敢松怠。

（辽宁省高等学校毕业生就业指导服务中心供稿）

立志点亮人生，创业成就梦想

——沈阳大学优秀毕业生于海龙创业事迹

于海龙，男，28岁，山东青岛人。高中时加入中国共产党，2013年毕业于沈阳大学机械工程学院。历经4年的创业生涯，于海龙已经成长为拥有沈阳常春藤文化传播有限公司、辽宁学创谷文化传播有限公司、辽宁优鸡良品农业科技有限公司和沈阳中辰农业开发有限公司等4家企业的企业家，在职员工80余人，企业年产值1200万元。于海龙个人被授予“辽宁省大学生创业实习（孵化）基地的先进典型”，所属企业被授予“沈阳市大学生创业见习基地、沈阳市大东区创业先进企业”称号。

于海龙在大学期间担任过班长、院学生会主席，在同学们眼里是有思想、有能力的人，2010年萌发创业想法，2012年在沈阳大学附近，租住办公地点，创办公司。同年，他的创业项目被沈阳大学推荐到辽宁省大学生创业基地孵化，开始了他的创业历程。

项目入驻辽宁省大学生创业孵化基地后，得到沈阳大学老师、省就业局领导的大力支持和扶助，更多的人认识了这个能吃苦、有毅力、勇于克服困难的沈阳大学学生。于海龙通过对市场的接触发现了互联网营销这个新兴产业，自己独创了大数据全媒体整合营销立体模型，通过互联网大数据为中小型企业提供品牌营销推广“一站式”服务。2013年5月成立了沈阳常春藤文化传播有限公司，由于公司占据地利人和的优势，公司飞速发展，合作伙伴大幅度增长。

2015年8月与辽沈晚报、省就业局联合创立《大创报》，并成立子公司辽宁学创谷文化创传播有限公司，独立运营。经营《辽宁省大学生社区报》报刊，为大学生提供一手的教育咨询及就业信息，《大创报》目前主要覆盖沈阳各大高校。

2016年8月优鸡良品农业科技有限公司成立。投资近400万元，是一家致力于打造互联网+生态农业的项目，在地方建立互联网+农业产业链，采用线上、线下两条销售链同步售卖，利用线上电商收集数据，进行分析、总结，进而改进线下直营店销售模式，配合常春藤各渠道的全方位宣传，精准化营销，使禽类养殖与互联网完美结合。

目前该生又获得北京国金控股集团投资及新民市政府的大力支持，打造休闲农业项目——沈北水乡，该项目占地6000多亩，投资1.2亿元。推行会员认养制，在人们吃喝玩乐的同时打造特色新农业，促进项目周边经济共同发展，致力打造集休闲、农业、生态、绿色于一体的综合性农旅小镇。沈北水乡项目，处于新民市罗家房镇，工程已于2017年9月中旬正式启动，预计带动当地农民及沈北周边地区近千人就业。投资方这样评价于海龙：年轻有为、聪明踏实、讲究诚信，善于捕捉商机。

大学生创业是社会关注的焦点、政府支持的重点，党和政府给大学生提供的优惠政策越来越多。于海龙抓住机遇，实现了自己的创业梦，已经成为一位名副其实的企业家。目前四家企业正良性运转，不仅实现了自己致富，也带动了身边更多人致富。于海龙认为，个人致富不算富，多数人致富才算富。

近年来，创业逐渐成为一个火热的话题，很多人都想创业，创业致富的梦想是美好的，但过程却是艰辛的。提起自主创业于海龙也是感慨万分。曾经在办杂志社的时候，也有过失败，不过一直没有放弃。当年刚开始创业的时候，杂志社在全国文学圈子里小有名气，拥有全国各地很多忠实的读者，突然有天接到通知说该杂志因没有刊号而被文化局判定为非法书刊，对于刚刚起步的于海龙来说简直是晴天霹雳。类似的坎坷有很多，资金本就不宽裕，创始人10个月不拿工资，更别谈报销，出差费用需要自己垫付；尽管公司财力紧张，依然设法在年底为团队发放曾承诺的薪酬；忙碌加班连续睡公司，不规律的生活方式，健身缺乏，身体越来越亚健康，总感觉很疲惫，等等。然而无论多么艰难，团队永远是他的骄傲，这些共沐风雨的年轻人从不气馁，于是才一次次在山重水复中柳暗花明。在与于海龙的交谈中，可以清晰的感觉到他是一个思路敏捷的人。正是因为头脑灵活，敢闯敢干，身上又有那种不怕吃苦的精神。使他成为沈阳大学毕业生中的创业能人。毕业后的一年多里，他克服了一个个困难，最终成功实现了自己的理想。

于海龙在回顾自己的工作和创业经历时表示，如果没有各级组织和领导的关心帮助，没有学校的支持，没有团队和家人朋友的支持和鼓励，不会有今天的成就。感谢沈阳大学和老师的培养，特别是母校专门给毕业生设立了专门的就业咨询机构，使他更加明确创业目标和实施策略，解决创业初期的迷茫和疑惑，并且推荐他的项目进驻辽宁省大学生创业孵化基地，为一个初出茅庐的年轻人取得今天可喜的成就奠定了坚实的基础。

于海龙在创业中讲究诚信，靠勤学实干兴业，靠求实创新发展，成就了今天的事业。将来，于海龙立志要超越现在的自我，继续挑战未来，成为一名有为的创业路上带头人。对于实现上述誓言，于海龙总是信心满满，他的理由是：企业家，最重要的特质就是树立自信心，有种“不到黄河不死心”、坚持到底的决绝精神。而他更坚信，未来四五年内，我国互联网及传统行业在经过大洗牌后，一定会迎来新一轮大发展契机，而此时正是企业“养精蓄锐，蓄势待发”的最好时期。

（辽宁省高等学校毕业生就业指导服务中心供稿）

吉　林

创业机会留给有准备的人

——长春职业技术学院韩如冰创业事迹

韩如冰，男，1991年出生，长春职业技术学院商贸分院物流管理专业2014届毕业生，现任德惠市鼎诚物流有限公司总经理，从事第三方物流服务、运输。

2015年8月，韩如冰放弃稳定的办公室工作，开始自主创业，筹备成立吉林省德惠市鼎诚物流有限公司，从事物流服务方案设计等工作。9月初正式与顺丰公司签订第三方服务协议，公司正式开始运营，从起初的9个人，到现在近50人，车辆两台，营业门店2个；从一个月7万元营业额到现在年营业额200多万元。

一、扎实的基础

2011年9月，韩如冰考入了长春职业技术学院物流管理专业，初入大学，感觉所有的事物都是新鲜的，懵懂之时他已经开始规划未来。出身农村家庭他，一进入校园就把全部精力投入到理实一体的专业学习上。他积极参加专业活动，不久便加入学院破冰创业社团，一年后成为社团社长，带领社员与婚庆公司合作，进行实操演练。2012年12月，吉林省组织现代物流技能大赛。他知晓后马上与老师沟通，取得报名资格，并与团队每天努力训练。在老师的辛苦指导以及学校的大力支持下，该团队取得了吉林省物流大赛第二名的好成绩，也因此获得了参加2013年全国物流技能大赛的参赛资格。这之后的训练异常艰苦。但他们的努力结出了硕果。最终他们获得了2013年全国物流技能大赛一等奖的好成绩。

任何人的成功都不是偶然的。在努力提升自身专业水平的同时，韩如冰积极参加各种创业培训、实训。2012年11月学院在长春青年创业园组织为期一周的大学生就业创业训练模拟实训。在此次实训中，韩如冰担任一家商贸公司的董事长，并取名长春市鼎诚贸易有限公司，并模拟招聘了 5 个人分管财务、市场、人力等工作，然后确定企业文化，企业理念，组织机构，并设计了商标等工作，并在公司运营过程中，了解一家公司要与工商、税务、银行等多个部门有所关联，而“鼎诚”这个名字也是在那个时候在他的脑海中扎根，成为了未来他创建公司的名称。2013 年 10 月，学院又组织 SYB 创业培训，在为期 10 天的学习中他学到了如何创立企业。知道了创业需要进行企业构思，预估市场，构架企业人员组织，预测启动资金，制定利润分配机制等诸多因素。这些实训、培训为他以后创建公司奠定了基础。

二、美好的过程

虽然他一直想要做自己的事业，但在毕业实习阶段，他还是选择了就业，他还想继续去学习、去了解、去准备。在学院的推荐下，他来到北京，在宜家家居（北京大兴店）的第三方合作商业新兄弟物流公司工作。在这家公司实习时，他发现了一个很有前景的运营模式——第三方服务，这让他既欣喜又再次陷入了思考，创业的想法在他的脑海里又涌现出来。经过一段时间考虑，他毅然地放弃了即将晋升主管的机会，离开了北京，回到长春，成为了顺丰长春集散中心的一名基层运作员，寻找实现梦想的机遇。2014 年 8 月，顺丰开始推广外包（伙伴计划）业务——即第三方服务。此时，他知道机会来了。他开始抓紧注册公司。9 月，顺丰吉林区开始外包，由于提前准备，不出意外的他中得此次标的。但遗憾的是，由于没有经验，缺乏对税务要求的了解，最终因为测算失误，遗憾地失去了这个机会。就这样他继续在顺丰工作了一年多，继续准备着抓住下一次的机会。都说机会是留给有准备的人的，2015 年 8 月顺丰再次推出其他标的，凭着上次教训和对流程的熟悉，这一次他没有让机会溜走，终于从三家公司中脱颖而出取得这个业务。

三、灿烂的未来

基于对业务流程的了解，经过近一周的筹备，他的小公司开始了运作。即便是团队组成时间短，需要磨合，各种衔接急需理顺，但他并没降低对自己的要求，凭着扎实的基础和严格的要求，在第二个月又把顺丰其他业务也争取到手。这对他来说是一种认可也是挑战。在他为增大公司业务量欣喜之时，恰逢物流中秋运输高峰期。由于对货量的认识不足，临时人员储备不足，导致某些班次出现中转延误、晚发的问题。这种情况以及带来的损失，让他倍感压力。中秋刚刚结束，“双 11”马上又来了。中秋暴露出的问题，让他在“双 11”高峰时加大了临时人员投入。虽然中转质量问题解决了，但新的问题又出现了。由于临时人员投入过多，利润严重降低，甚至出现了亏损。不能坐以待毙，“双 11”高峰结束后，他没有休息，马上找到各班组人员，总结出现问题以及原因，研究解决方法，以及如何应对即将到来的春节高峰。同时他找到顺丰工程组，得到了近 3 年春节高峰期处理量、人员投入、环比增长率等相关数据。并根据前段数据测算人员投入，进行了人员招聘、临时人员储备。通过全面的准备，以及对现有人员技能培训提升，终于将春节高峰期平稳度过。

在公司最初成立的 5 个月时间里，连续经历 3 个货量高峰。这个历程把原本杂乱无章的游击队，打磨成一支初具规模的正规军。队伍基本成型，流程完成系统化。后期随着顺丰降低了业务单价，公司继续调整改进，简化现有的操作流程，在保证运营质量的前提下，降低运营成本，增添先进设备。特别值得一提的是，他创新环节流程，合并设备使用，并通过总部验收，提高了工作效率和准确性。公司至此进入了平稳发展阶段，2016 年公司年营业额达到 226 万元。2017 年 5 月公司开始扩张，设立运输网点。截至现在已经开设 2 个网点，拥有两辆运输车辆，主要负责长春到白城沿线运输，计划 2017 年在此条线路上共计开设 7 家网点，确保货物运输质量与时效。

韩如冰，一名普通的高职院校毕业生，怀着对梦想的追求，努力的学习着、工作着。我们有理由相信，他的理想终究能够实现。

（吉林省高等学校毕业生就业指导中心供稿）

返乡创业，为青春添彩

——长春科技学院金华创业事迹

金华，中共党员，2009—2013 年就读于长春科技学院外国语学院 09 级英语专业。现任延边华溢节能环境检测有限公司董事长。

2013 年，对于毕业返乡创业的我来说，一切都充满了憧憬与挑战，学生干部、学生党员的“光环”对于这个初来乍到的社会新一员来说并没有太大的作用。一切都是从头开始，就这样 2013 年秋天，便开始了我的创业路。

2014 年春天，正准备开展业务的我遇到了第一个大难题，对于从事第三方技术服务的机构是需要国家颁发的资质才可以开展业务，而获得国家资质准备时间长，内容复杂严谨，再加上公司刚刚成立，相关技术人员不到位，想获得资质非常困难。2014 年春天，我们公司参加了省节能中心举办的培训班，结识了许多相关行业专家，并通过本次培训会聘请了吉林省内节能行业专家，正高级工程师为我们出谋划策，这时候公司里加上我一共四个人，每天我们四个人都要做 10 个人的工作，每天有 1 名负责实验室相关的检验和检测，2 名写材料，1 名负责人员的招聘及培训工作，虽然忙碌，却很充实。在大家的共同努力下，2014 年冬天，我们顺利通过了吉林省质量监督局的全部评审，正式取得资质。就这样在经过一年多的准备后公司开始正式运营。2014 年冬天，公司正式做了第一个项目，受延边州工信局的委托，对全州的锅炉进行普查统计，对于刚刚从事这个行业的我来说，和企业衔接沟通是第一个难关，每天我就像电话业务员一样，给每个企业打电话，有很多次，话还没开始讲，就被挂断，更有人认为是诈骗电话。就这样，2015 年春天，在延边州工信局的大力支持下锅炉普查工作圆满完成。我们掌握了全州最全、最准的锅炉信息。但是我们却发现节能工作的推进远比我们想象中的要难，现在企业普遍存在经济困难的现象，在国家没有强制要求企业开展节能工作的要求下，企业没有表现出主动性。

如何提高企业对节能工作的重视也是我要去解决的关键。为能更快、更多地学习节能环保行业相关知识，2015 年整个一年的时间里我和我的团队参加国家、省及地方组织的各项培训班，这一年对我和我的企业来说是忙碌而充实的一年。吉林省每年都会举办节能技术讲座培训班，延边的节能工作一直处于薄弱地位，我们认为有必要在延边开展一次培训班，在延边州工信局的大力支持下，经过向省里进行多次争取，2015 年夏天我们配合省节能中心，成功的在延边举办了节能技术讲座培训班，此次培训班的完满召开，不但提高了企业对节能工作的重视，同时也得到了省里领导对我们节能工作开展的认可。

2015 年春天，我们接到州外的一个电话，说要做项目，这是我们自公司成立以来最大的一个检测项目，我和我的工程师们都满怀欣喜，也有信心能做好此项目。可是好事多磨，我们从 2015 年春天，出方案、研究、讨论、协商，直到同年 9 月项目才正式启动。我却没想这只是我创业路的开始，之后有多少的项目，只是在无数次的奔波中告终。这让我意识到创业的不易，对于刚毕业的我来说，这也是一种新的挑战与磨炼。

自从开始从事节能工作，对社会的责任感变得越来越强，节能工作是一项艰巨的工作，我们国家必须尽快完成绿色转型，提高经济的发展。这需要更多的人关注节能环保事业的发展，更多的人投身于节能环保事业的发展。我开始意识到节能工作的开展不能局限于工业，而是全社会都应该关注，公共机构作为政府的一种体现，对社会的影响力和带动作用是显而易见的。有了这个想法，我们就开始和相关部门进行沟通，领导们也认为公共机构节能工作是推动全社会节能事业的一个关键环节。通过几次的沟通与协商，相关部门决定举办一次全州性的培训会。2015 年 1 月，我们协助相关部门，举办了《全州公共机构节能管理暨能源审计培训会》，州里领导高度重视公共机构节能管理工作，同年 4 月，我们受相关部门的委托，对延边州内的公共机构进行了能源审计，为审计单位查找能源浪费环节及重点，提出相应的节能措施及改造方案，为推进全州公共机构节能工作迈出了坚实的第一步。通过能源审计，我发现公共机构节能空间很大，同年6月，我写了《关于在全州公共机构开展能源审计的建议》的政协建言，政协人资环委对这份建议表示赞同，并积极帮助我们机构争取能在全州开展此项工作来，推动公共机构节能工作，提高节能意识，为全社会的节能工作起到模范带动作用。此建言也被评为2015年政协优秀建言。

2015—2016年，除了公司的运营，对我个人而言也是特别的两年，我先后加入了延边州政协，延边州工商联和延吉市工商联。先后荣获“反映社情民意先进个人”“巾帼创业先锋”等称号，2017年春天，正式成为延吉市工商联常委。

在三年多的时间里，我从一个大学生，变成一个企业的CEO，感触颇深。每一件事情都需要自己去争取，时间、机遇永远都不等人，只有不断地丰富自己，提升自己，才会看到等多的机遇更多的挑战；也让我认识到责任的意义，作为老板，对每一个员工的责任，作为委员，对社会的一份责任，正是这样的责任，不断地鼓励和鞭策我努力向前。每天都会有千千万万的人怀揣着自己的梦想走向创业路，同样，每天都会有无数的人在这条路“死去”，而我，成败与否，一直前行在路上，因为我坚信这就是青春该有的模样！

（吉林省高等学校毕业生就业指导中心供稿）

创业走在青春的路上

——东北电力大学卢禹廷创业事迹

卢禹廷，男，汉族，1994 年 5 月生，中共党员，就读于东北电力大学经济管理学院会计学专业会计 132 班，吉林省鸿邦文化传媒有限公司总经理。

卢禹廷学的是会计，却立志要走出一条“创青春”之路，而且走得越来越远，越来越被关注。从上大学就积极参与校内外的各种活动，就象一个发烧友一样，积极研究创业方法，参与各种的比赛，充分发挥自己的创新能力，获得非常丰富的创新成绩，再到创新自己的思路，不断的锐意进取，最终成功创建自己的公司，还在校园内外的各种活动中，表现非常的出色。卢禹廷在在大学期间积极投身创业热潮当中，从一个有志青年成长成为真正的企业的创始人，代表了年轻，代表了希望，更代表了一个热血青年可以有无限广阔前景的未来。

卢禹廷是东北电力大学经济管理学院会计学专业的一名大四学生，曾任学生会主席、会计 132 班班长等职务。在校期间，热情阳光，专业成绩优异，2016 年 9 月获得学校保送研究生资格，曾荣获吉林市 2016 年度创新创业类“江城好人”、吉林市百优大学生、吉林市优秀团员等荣誉称号。

一、阳光男孩，思路创新

卢禹廷同学创新创业与科研能力突出，在大学期间，积极参与各种创新创业的比赛，曾获第七届全国节能减排大赛国家三等奖，在 2016 年“创青春”全国大学生创业大赛中提出“互联网 + 老年”的概念，获吉林省铜奖，此外他运用大数据的处理与云平台的计算相结合的方式，提出互联网 + 传统车位的结合，开发城市智能车位管理系统，在首届大学生“互联网 +”创新创业大赛获吉林省铜奖。除此之外，获财会技能大赛一等奖、一元钱生存挑战赛三等奖、创意活动策划大赛一等奖、吉林省大学生能力拓展培训“优秀学员”称号；在大学生创业创新实训中，他作为负责人，采用纳米分子材料对自来水过滤，达到直饮水标准，参与的金娃娃纳滤水项目获得省级立项，并获得专项资金予以支持。

这些成绩坚定了卢禹廷创业的信心，也在创业之路上，开始走出理论，着手实践。

二、信心百倍，创业实战

卢禹廷在取得一定的成绩之后，积累了一定的经验，就开始决心积极投身创业热潮。2016 年 4 月，卢禹廷同李嘉璇、孟瀚共同开创水果武士校园创意水果鲜切便当，采用微信零售配送同大型外卖平台结合方式营销，每日销售量百余盒，并在北华大学和吉林医药学院等高校成立水果武士便当试点，打造高校水果联盟，形成一家规范化和连锁化的水果外卖专家，将新鲜送到每一位老师和学生手中。创业之初的小有成就，使卢禹廷的思想更加活跃，有了更多新的想法。

2016 年 12 月，卢禹廷着手再度创业，在吉林市国家创业园注册成立吉林省鸿邦文化传媒有限公司，任公司法人。创业初期卢禹廷和他的团队每天白天走访 30 家目标客户，晚上同团队开会商讨经营计划至深夜。经历的创业初期的困难，公司主营高端社区电梯框架广告，现已覆盖吉林市高端小区 3 百多个电梯，辅之黄金位置大型广告牌 2 处，公司正稳步发展。一点一滴的努力，一步一个脚印的扎实，使卢禹廷在创业之路上，走得越来越稳，越来越有目标。

卢禹廷不满足现状，在立足于传统广告传媒同时，思想锐意创新，将传统媒介结合互联网，立足于社区经济，研发智慧社区管理系统，实现居民住户足不出门，在家掌握了解更多的物业信息，享受更多的社区便民服务，目前该项目，正在研发阶段。鸿邦传媒力图打造一家多渠道，大流域的特色鲜明的有影响力的广告集团。

三、精力充沛，热心公益

卢禹廷在积极创业的同时，还在很多的校园内外社会活动中，发挥着非常积极的作用。卢禹廷时刻履行着作为一名青年志愿者的责任，他积极参加志愿服务活动，他曾组织以“普法进社区，青春促和谐”为主题的社区公益普法活动、以“关爱农民工子女”为主题的暖冬行动等，得到了社区街道和学校的大力支持，活动获得社区居民的一致好评，并得到省新闻化报长篇报道，接受市直播江城节目的现场采访，获得了良好的社会反响。

卢禹廷在公益之路中，点子多，方法新，经常做出一些非常有创意的举动，引起良好的社会反响。作为院志愿者团队的骨干成员，带领青年志愿者服务站成员组成的汇爱小队开展“汇爱移动小屋”大学生二手物品义卖活动，走访多个社区，为特殊儿童募集慈善基金，得到省市级媒体报道及社会好评。

通过申报，该活动获得全国志愿服务大赛吉林省赛区奖项并得到省志愿者工作部的省级专款资助，同时他所带领的团队获得全国志愿者服务国家提名奖。

卢禹廷在学校期间，对校园的各种社会实践活动都积极参与，利用暑期参加学校组织的各种活动，先后两次被评为“暑期社会实践先进个人”称号，同时荣获校三下乡社会实践“优秀组织个人”和“优秀个人”称号。

大学四年，卢禹廷一直以阳光积极的形象在师生面前表现得很优秀，代表着积极向上的正能量。卢禹廷先后荣获江城好人、吉林市百优大学生、吉林市优秀团员、校社会工作奖学金两次、校优秀学生二等奖学金两次、校优秀学生三等奖学金两次，优秀学生干部标兵等荣誉称号。不过用卢禹廷自己说起这些事情来，却非常的轻松，用他的话来说，创业总是在路上，只要拥有坚定的目标，就可以走得更远。志存高远，心系未来，卢禹廷积极向上，用心努力，有思路，有方法，正在一路向前，创业走在青春的路上。

（吉林省高等学校毕业生就业指导中心供稿）

黑龙江

让我们的校园青春，如高照亮般的“闪亮”

——东北农业大学研究生会主席高照亮创业事迹

高照亮，男，中共党员，东北农业大学园艺园林学院蔬菜学在读博士，校研究生会主席；黑龙江省十大杰出青年创业奖获得者，黑龙江省首届“守望梦想·奋斗青春”大学生创业之星获得者，黑龙江省普通高校“三好学生”“优秀研究生干部”获得者，东北农业大学首届“青年五四奖章”获得者；国家职业资格考评员，中国化工学会委员，东北农业大学学生创业导师；东北地区农业技师创新战略联盟理事长，东北地区农资经销商及种植合作社联盟理事长，黑龙江农药与肥料产业技术创新战略联盟名誉理事长；2010 年至今，已获得授权发明专利 4 个、实用新型 2 个、软件著作权 1 个，参与编写农业部“十一五”规划教材 2 部。

一、求学孜孜不倦，创业乐毅践行

高照亮同学个人成长过程中，求学的步伐从未停歇过，创业的执着从未间断过。他以坚定的理想信念、明确的求学目标、强烈的创业愿望、新颖的创业理念、踏实的创业行动，践行着我国当代青年学生“以创业实现就业、以创业促进就业”的发展理念。

作为一名学生党员，他时刻用党员的标准严格要求自己，自立自强、刻苦钻研，用自己的实际行动践行着共产党员的光荣使命。他在工作中注重调动广大青年学生积极性和主动性，投身于校园文化活动之中。多次成功举办“知网讲座”“导师与我下午茶时光”“梦飞扬正青春阳光体育运动季”“创新创业大赛”等多项校园文化活动，引导广大同学们培育和践行社会主义核心价值观。

他积极实践着国家倡导的产学研相结合，多次带领广大同学深入双鸭山林业局、伊春林业局、鹤岗矿务局、绥化市农业委员会等相关单位学习经验，共同探讨发展思路、研究发展项目、提供技术支持，并将自己团队的理论成果化作农业实际的应用，教授给农民，多次邀请专家为相关单位论证创新改革发展方案，积极联络推进多项科研成果与相关单位对接合作，促进学校科研成果转化。与此同时，他经常与有创业理想的同学们一同积极实践、积累经验、碰撞思想、思考未来……踏实的社会实践，使其比较深入地了解市场需求、积累营销经验、初结经营人脉，为未来的创业之路奠定了丰富的基础。

二、农技助农之初心，开启创业之征程

大学刚毕业，高照亮就策划并整合母校优势资源，组织开展“农业生产应用技术培训班”培训项目，旨在为东北地区基层农业培育应用技术人才，提高基层农业生产的应用技术水平。2005 年至今，他组织策划举办 25 期培训班，为东北地区培训农业生产应用技术人员 6576 余人。高照亮经常与基层学员研究探讨农业生产实践过程中遇到的实际问题，逐渐萌生了“对于农业生产技术难题要像‘百度搜索’一样容易地解决 ”的产品创意，他随后联合多位专家开发一款专门针对农作物病虫草害诊治系统应用软件，将农业基础常识、常规农业生产技术方案、基本病虫草害处理方案等均集成到这个软件里。基层农业技术工作者及农民朋友们通过这款软件，可以第一时间获得解决农业生产问题基本权威的处理方案，若遇到疑难问题，还可以通过互联网、技术服务热线等方式与农业专家团队探讨、咨询、确定解决问题的具体方案，为农业增产、农民增收提供了科技保障。他还多次成功策划组织“北方农资企业战略发展高峰论坛暨农业技师高新技术交流会”，为北方基层农业阶层搭建了开放包融、高端实用的行业资源交流发展的平台。

2007 年，在学校领导、教授专家们的支持下，高照亮创办了哈尔滨百度科技开发有限公司。而后，在公司研发团队的共同努力下，历经 3 年的时间，于 2010 年初步研发成功，并获得了由国家知识产权局颁发的《计算机软件著作权

登记证书》；同年产品投放市场、荣获黑龙江省科技厅成果转化项目奖励资助；2011 年申报国家专利。为 300 余家农企提供过深度企业管理咨询、资源整合及技术支持。2010 年哈尔滨百度科技开发有限公司正式开展针对农业企业的管理咨询服务项目。至今已经成功举办两届“北方农资企业战略发展高峰论坛”，1000 余家企业代表参加了论坛。公司为山东鲁西化肥集团股份有限公司、中节能绿碳（双城）环保有限公司等三十余家企业，在肥料制造技术、微生物肥料项目运营、企业管理培训等方面提供咨询服务与支持帮助。公司还相继开发了“必安地”等品牌的生物有机肥料产品，在东北地区累计销售 1 万余吨，实现销售收入 2000 万元。在团队成员的共同努力下，百度科技开发有限公司也于 2017 年 1 月在哈尔滨股权交易中心科创版上市（股权代码：300015）。

三、创新生物应用技术，促进绿色农业发展

在国家大力提倡可循环农业的政策背景下，在经营哈尔滨百度公司的市场调研中，在组织开展农业生产应用技术培训的过程中，高照亮经常与基层农业工作者及专家学者们研究探讨农业生产中遇到的实际困难及问题。他在反复的试验和实践中发现：农用微生物技术是在当前农业生产现实环境下发展可循环农业的必要条件和有效手段，农用微生物肥料是能够解决重茬病害、治理盐碱、改良土壤的有效手段，微生物应用技术产品是发展现代有机/绿色农业的必然需求。

2011 年，一直专注于农业成果的转化及推广的他，又将目光投放在国家大力推行的生物肥市场，与学校老师联合开办哈尔滨艾加生物技术有限公司，并同年入驻东北农业大学国家大学科技园，艾加公司在运营过程中克服多个技

术及经营难题，成功培育适合东北地区土壤气候特点的优质菌种 8 个，成功研发了微生物肥料生产设备 3 种，申请获批国家发明专利 4 项、实用新型专利 2 项；承办哈尔滨市农业科研项目 2 个；而后作为企业代表跟随哈尔滨代表团连续参加 3 届俄罗斯远东地区“哈尔滨出口经济贸易展销会”，同时作为唯一一家生物肥料企业参加“中国－哈尔滨经济贸易洽谈会”，为 1580 家基层农业生产（经营）单位提供配套生物技术方案及产品，取得了良好的市场应用反响。于 2017 年 1 月，哈尔滨艾加生物技术有限公司在哈尔滨股权交易中心科创版挂牌上市，（股权代码 300013）。他创办的公司还获得了哈尔滨市 2016 年度大学生优秀及重点创业项目资助资金。

四、响应“双创”时代潮流，开启“互联”农创服务

2016 年 7 月，高照亮及其创业团队顺利通过了上海市“零号湾全球创新创业集聚区”入驻创业项目立项答辩，其创意策划并筹备开发的“农业＋互联网咨询服务平台”项目取得了在“零号湾”全球创业园的入驻资格，并在同年获得上海市大学生基金会的“雏鹰计划”资助。

“农业＋互联网咨询服务平台”项目是根据当前土地流转活跃且经营规模从零散趋向集中、农业生产结构快速调整、新型农业经营主体逐渐培育形成的社会条件下，针对农民合作社、家庭农场等新型农业经营主体存在的经营困难与发展困惑，旨在通过集成“以打造农用互联网平台为基本手段、以崇尚和倡导发展绿色生态农业为基本理念、以引导新型农业经营主体科学调整种植生产结构为基本目的、以为新型农业经营主体拓宽市场通路为基本任务、以促进新型农业经营主体实现经营突破及产业增值变现为根本落脚点……”等一系列的经营要素及发展措施，推进新型农业经营主体创新创业及健康发展，促进绿色生态农业的健康发展，为国家大力发展现代农业及早日实现农业现代化增添一份力量。高照亮及其创业团队也期望在追求实现该项目的社会服务功能价值的过程中，争取实现团队新的创业征程的成功。

高照亮同学始终牢记习近平总书记对广大青年的殷切嘱托，立足本职、埋头苦干，从自身做起，从点滴做起，让创新成为青春远航的动力，让创业成为青春搏击的能量，让自己的青春年华在为国家、为人民的奉献中焕发出更加绚丽的光彩。

（黑龙江省大中专毕业生就业指导中心供稿）

踏遍坎坷是坦途

——哈尔滨工程大学王天创业事迹

王天，男，出生于1985年4月15日，中共党员，毕业于哈尔滨工程大学模式识别与智能系统专业，博士学历，工学博士，加拿大Carlton大学博士后，个人参与各类创新创业大赛获奖50余项，累计在国际国内期刊发表论文16篇，发明专利5项、实用新型专利3项、转件著作权13项；曾获得黑龙江省科学技术发明二等奖，黑龙江省高校科技进步一等奖，“黑龙江省首届‘守望梦想·奋斗青春’大学生创业之星”荣誉称号，哈尔滨市大学生创新创业先进个人荣誉称号。

王天于2012年3月成立哈尔滨程天科技发展有限公司，是集机器人技术、海洋装备技术、机器学习技术、软件设计与开发于一身的高科技企业，在特种机器人、外骨骼机器人、机器3D视觉、机器人换人、工业自动化改造、物联网技术、智能城市应用系统等多领域均有建树，公司在2015年被评为黑龙江省认定为高新技术企业，2016年外骨骼机器人项目代表黑龙江省智能制造企业参与中国创新创业大赛总决赛。2016年公司柔性外骨骼项目获第二届中国互联网+大学生创新创业大赛银奖，公司获1080万元天使投资。2016年产值160万，吸纳就业岗位50余人。

从走入哈尔滨工程大学校园以后，王天利用大一一年的时间，学习了自动化学科的主要基础专业课程，技术水平很快在同学中脱颖而出。他充分利用学校丰富的教学与研究资源，先后国内外多个科技竞赛奖项，顺利获得了保送直博的资格。从2009—2014年，共获得全国性比赛一等奖4个，二等奖3个，三等奖4个。

2012 年 3 月，王天创建了哈尔滨程天科技发展有限公司，带领团队成员们正式开启了创业之路。在进行了深入的市场调研之后，结合自身专业特点，王天为公司选择了智能制造领域作为公司的主营业务。公司接手的第一个项目就是省内某铅笔厂自动化改造项目，针对现有人工操作的弊端，利用机械手和专用工具，结合高速控制器以及工业算法优化，提高产品质量和生产效率。这第一个项目，王天带领着技术团队封闭研发一个多月，在接连克服了控制柜密封、笔芯抓取等技术难题后，有着程天科技 Logo 的第一条自动化生产线顺利运转起来。

面对第一条自动化生产线的成功，王天没有沉浸在胜利的喜悦之中，他看到的是技术团队对于智能制造行业的理解不够深刻的不足。为了弥补这个不足，为了承接更复杂的项目，王天带领技术骨干先后拜访了清华大学、上海交通大学、哈尔滨工业大学、华南理工大学等在智能制造领域有深入研究的高等学府，深入学习前沿理论；同时积极派遣技术骨干参加发那科、库卡、ABB、西门子、NI 等行业第一梯队的培训课程，提升员工对于智能制造的理解。

随着创新设计能力的更提升，王天的团队也在不断壮大，项目的复杂程度也在成倍的增长，现有办公环境已经不能满足需求，但是市场上“办公＋厂房”的物业租金也难以承受。正在他感受到了创业的困境时，他的母校——哈尔滨工程大学伸出了援手，根据学校扶持大学生创新创业的相关政策，王天的程天科技是省政府评定的高新技术企业，可以享受学校下属科技园区提供的免费办公场所和办公家具，用水、用电、用网都是免费的。学校还协调出一部分厂房，供调试组装使用。技术水平金额保障条件都具备了，王天期待着公司的发展乘着“东风”能够“更上一层楼”。

摩拳擦掌，准备大干一场的王天和他的团队，在接下来面临了一次重大考验。某集团作为甲方对一个特定设备自动化装配生产线进行招标，并且送来一个参考样品。特定设备外观呈圆柱体，只有 10 厘米的直径，但是内部结构复杂、零件繁多，应用了多种超常规的工艺。现有人工装配，熟练工人每天只能装配一个，生产效率偏低。甲方希望能够通过自动化装配，提高生产效率。此外对于自动化装配生产还提出了多达四方面、十二项的技术功能要求。甲方的技术代表同时表示，在向多家国际、国内厂商进行方案征集，最终将选择最优方案进行设计实施。这是王天和团队创业以来面对的最复杂的项目，甲方的特定设备装配技术难度高，功能需求又处处都是直戳智能制造的前沿应用。王天带领骨干员工，分析设备结构、装配工艺和最优顺序，创造性的将设备分解为五个单元模块，互不影响。集中全公司的思考与智慧，提炼出了四个工艺难点，分别是高温点胶、预应力焊接、柔性绕线和扎带穿孔，并且提出设计专用机械设备解决的思路。经过整整四十五个日夜的奋战，程天科技的设计方案如期提交给了甲方，等待甲方的开标评审。等待开标结果的十五天里，时间好似凝固住了一样，而中标喜讯传来的时候，四十五天的努力和十五天的煎熬仿佛又像是一种褒奖。甲方的总工程师给出的设计评语是："程天科技的方案采用了分单元模块设计和实施的思路，降低了设计与实施的风险，在保证技术指标的同时，经济指标能做到最优投入。对工艺难点的分析与我方预判完全一致，专用机械设备解决工艺难点，并在投标阶段就给出了原理图，是所有投标方案中唯一的一份。提出的视觉识别方案拥有自主知识产权，在识别精度方面有技术优势。"就这样，王天和他的团队用创新与真诚征服了甲方的严苛评审，中标整条生产线设计。

公司发展进入到了新阶段，除了工程项目的承接，王天和程天科技团队瞄准了一个新的市场——人体外骨骼。人体外骨骼是一种能够对人体提供额外力量与保护的外部结构。经过市场调研，程天科技的团队制定了两个产品研制的方向，分别是助跳人体外骨骼和助行人体外骨骼。在项目启动评审中，确定了研发人体外骨骼中需要突破三个主要的技术难点：（1）仿生设计、能量回收：基于人体工程学理论，进行仿生学设计，贴合人体结构，可回收人体运动中的能量，实现每次助力的能量均来自本身，增强续航能力。（2）机器学习：通过脚底压力、惯性传感器，运用机器学习算法，分析穿戴者的步态，检测穿戴者的意图，预测穿戴者的行为，最终实现"人机合一"。（3）用户社群：通过配套的手机 APP 建立用户社群系统，通过云端进行数据采集，进一步优化产品和提高用户体验，拓展应用，拓宽市场，获取大数据。王天整合公司资源，组建了一个强大的攻关小组，投入到了人体外骨骼基础技术的研发之中。目前已经完成了两版工程样机的研发，一部分理论与仿真结果得到了初步的验证，研究计划稳步推进。

2016 年第二届“互联网 +”创新创业大赛举办。面对这样一个提升和展示自我的平台，程天科技抓住了这次机会。团队从市场需求出发，结合专业特长和技术积累，确定将“柔性外骨骼”作为参赛项目。其主营业务为人体外骨骼系列产品的研发、销售、配套软件服务以及线上社区等相关领域的应用。主打产品是一种可为人体弹跳运动提供额外附加力的踝关节助力装置，帮助行动不便人群恢复行动力，让普通人突破自身人体运动生理限制。团队项目有机会可以冲击全国金奖，但在复活赛中以 3 分的微弱劣势被淘汰，公司柔性外骨骼项目获第二届中国互联网 + 大学生创新创业大赛银奖，公司获 1080 万元天使投资目前，“人体外骨骼”的核心技术已经被攻关，正在经历一个从实验品迭代为商品的过程。此次比赛正好提供了一个平台，使公司有机会获得风险投资、股权投资以及有关部门的政策和资源支持。

在国家提出“大众创业，万众创新”的口号之后，程天科技的每个人都更加更觉得这条创业创新之路选对了，大家要一直走下去。如今，程天科技创新团队，已经在自动化生产线改造领域有了较为丰富的技术积累，承接了长三角地区多个企事业单位的生产线升级改造项目。同时投入人体外骨骼的研发，力争用两年时间，定型第一个产品，开拓出一个全新的行业。在创新创业的路上，虽然有荆棘坎坷，但是相信王天和程天科技团队，能够攻坚克难，勇往直前，踏遍坎坷是坦途。

（黑龙江省大中专毕业生就业指导中心供稿）

基于专业开展创新，逐梦脚步永不停歇

——黑龙江大学毕业生陈铎创业事迹

2015年10月27日，黑龙江大学陈铎同学荣获由省委宣传部、省委高校工委、省教育厅、省文明办、团省委、省广播电视台联合举办的2014—2015年度全省高大学生年度人物。陈铎同学是黑龙江大学2012级艺术设计专业学生，先后任班级团支书、班长等职，在院学生会宣传部任职，现为微观世界艺术设计工作室、集慕文化传播平台负责人。作为CIDA中国室内装饰协会室内设计师，曾主持多项商业设计并获好评。其创业项目在2014“创青春”全国大学生创业计划大赛中荣获全国铜奖、全省铜奖，曾获黑龙江大学第十九届“校园最佳”创业实践奖、校学生科技文化创业园2014年度最具特色创业项目和最佳团队负责人等奖项，入选团省委首批优秀创业青年。省级创新训练项目《综合性大学文化艺术交流平台的构建》项目负责人。

2014—2015年度黑龙江省高校大学生年度人物上有他的身影；学校第十九届“校园最佳”创业实践奖上有他的名字；同时他还是团省委首批优秀创业青年，拥有班级班长，学生会干部等许多令人羡慕的头衔。热爱设计专业的他，大一的时候就怀揣着自己的理想，他把“设计”这个奇妙的东西称作是一种情怀。他的创业经历、创业理念也同样与众不同。

一、艰难起步，青春就是用来折腾的

“忙”是他说的最多的一个词。刚入学时，他和所有的新生一样，一样憧憬着自己的未来四年，一样感受着自己身边榜样的力量。唯一不同的是，他没有刚入学新生身上的那种迷茫，他时刻都用计划来约束自己、充实自己。大一的时候，陈铎忙专业课，他熟练掌握着 photoshop、coreldraw、cad、3dmax 等艺术设计软件，最终成为 CIDA 中国室内装饰协会室内设计师。在拥有艺术设计专业背景的同时，他还擅长摄影，曾多次在比赛中获奖。不仅如此，他还活跃在学校的各个角落，忙于学生会等各项学生工作，各大组织学生干部的经历让他在拥有专业优势的同时也提高了自身的综合素质。

大二的时候，陈铎着手于他的首个创业团队——微观世界艺术设计工作室、集慕文化传播平台。正是当初的一系列“忙”，为他的创业项目做了很好的铺垫。在谈及自己的创业团队时，他用“亢奋”形容自己当初的状态。“青春就是用来折腾的，如果自己有足够的时间和精力，就去做一点有意义、有情怀的事情，何乐而不为呢?”这是陈铎创业时的初心。

基于专业开展创业项目的他和自己的团队艰难起步。但即使这样，他们也一直坚持着自己最初的创业理念。工作室成立之初，一切都要从零开始。作为在校大学生的创业项目，为承接到大公司的设计业务，他一次次地去宣传沟通，虽遭冷待，却仍怀热诚；虽是艰苦，却愈发执着。他从免费做项目、试用做项目开始努力，随着一项项业务的开展与完成，他的专业能力、创新能力得到了客户的普遍认可，口耳相传的好评成为他创业项目发展的重要推力。基于自己及团队都拥有良好的专业课基础，他们坚持“只做大、不做小”的理念，一步一步成长起来。“做大的项目更能锻炼自己，大企业整体的审美以及他们领导的素质会迫使自己更用心的来完成一个设计。并且，与大企业这样的客户之间的来回讨论会让自己的眼界、想法有很大的提升。同样，在此期间付出的更多你也会得到更多，积累的案例会促使自己往高处走。”这就是陈铎“生猛”而又成功的创业理念。

二、争分夺秒，多方历练奠定成功基础

自从设计团队创立以来，陈铎似乎更忙了。“为了同时把握好创业与学业

之间的平衡，用创业项目的锻炼来提高自己的专业能力，在创业和专业两者之间不断充实自己。有很长一段时间，我每天只吃一顿饭，只睡三四个小时。在专业课、开会、做设计之间来回‘折腾’。”这一切的责任与压力让他的时间呈现出饱和的状态。学生是他在大学期间的首个身份，自创业团队成立以来，陈铎活跃于创业项目的同时，也本分地完成了他的大学课程，甚至可以用优秀来形容他的专业课成绩。“创业项目的历练为我的专业课打下了很好的基础，于我而言，学业和创业是相辅相成的存在。”也正是这样，才能让他在学业与创业中都如鱼得水，取得出色的成绩。

各类活动的历练、积累，增强了他的项目组织与团队管理能力，并带领团队攻坚克难，完成一个个具有挑战性的项目，通过付出而不是索取来实现自身存在的价值。省利民生物医药产业园区交互式展示系统界面设计、大兴安岭格林格贝寒带生物科技集团网页设计、北京实创未来企业 VI 设计等数十个成功商业案例都是他一点一点积累起来的“财富”。用他的话来说，“等你快毕业的时候，你就会发现，大学里所有的忙、所有的‘折腾’都是值得的。”

当谈及自己如今的成功时，“感谢”是他说的最多的一个词。他说，他感谢大一的时候观看的那场“校园最佳”颁奖典礼，这激励着他想成为台上的那批人，激励着他在创业项目中不断突破自己，如今，他已将这种种奖项收入囊中。他说，他感谢大学时自己遇见的所有专业课老师和辅导员老师，因为他们在传授扎实的专业课基础的同时，还及时给予创业项目上的指导和帮助，在自己遇到难题时，他们总能在第一时间，以最专业的角度为自己提供解决方案，做自己最坚实的后盾。他说，他感谢学校为学生提供的各种平台，从奖学金、“校园最佳”等一系列奖项到创新立项、创业园等一系列项目，因为这些机会，才能让我们——一群大学生，把自己最初的创业想法转变成现实，成就现在更出色的“我们”。

不安于现状、不断挑战自己的同时他也不忘初心，他将事业看作是一种情怀，将困难看作是一种挑战。他用激情和坚持谱写了自己精彩的创业之路，用踏实和执着成就了如今的自己。

三、不忘初心，自主创业助飞梦想远航

陈铎坚信智者是通过付出而不是索取来实现自身存在的价值。他组建的创业团队已先后为黑大学子提供 19 个创业实践岗位。作为项目负责人，他还组织内部成员参加专业技术及业务知识培训，帮助团队成长。他负责的集慕文化

传播创业团队已吸引千余人次学生参与艺术文化创作并分享个人体验感悟。目前，他正筹划再注册一个自己的公司，实现自己的创业梦。

虽有成长，不忘初心，陈铎秉持黑大学子自强不息、锐意进取的精神，不断增强着自身参与社会竞争的能力，用他的创业热情带领团队成员，并将带动更多志同道合的黑大学子，在创业的道路上共同成长、不断前行！

（黑龙江省大中专毕业生就业指导中心供稿）

江 苏

花盆里诞生的高精尖

——南京工业大学兰清泉创业事迹

兰清泉，男，中共党员，南京工业大学化工学院化学工程专业2011级硕博连读研究生。获得第六届“挑战杯”江苏省大学生创业计划大赛特等奖、江苏省大学生“十大创新之星”等荣誉称号，目前为黑马会南京分会秘书长、南京意陶纳米科技有限公司总经理。意陶纳米科技有限公司目前是国内外首家拥有纳米技术专利的陶瓷企业，目前主要产品为纳米花盆——Easypot。

作为一个工科博士，兰清泉跟着导师做的都是高精尖的科研项目。但他创业时，却选择了一个小小的花盆作为专业技术转化的起点。兰清泉说，日常小生意融入高科技含量，更能惠及大众。他让Easypot纳米花盆有了科技的基因和艺术的细胞，一不小心竟然填补了园艺高端市场的一个空白，创造了家装市场的一个新品类。

一、灵感来源

兰清泉的学业主攻方向是功能陶瓷膜材料研发，在读书期间，他就常常跟随导师中国工程院院士徐南平教授参与一些膜材料产业化的项目。在做工程项目的过程中，他就琢磨着能否自己做一款有惠民意义的消费品。

2012年春节，朋友送给兰清泉一株名贵的蝴蝶兰盆花。他十分喜爱，每天浇水、晒太阳，精心呵护，可不久花儿还是蔫了。请教养花的专家，他才了解到，水和空气交换失衡是主因。作为一个外行，要掌控好盆花给水、松土秘诀是很困难的。

兰清泉调查盆花市场发现，传统的花盆多是塑料、陶瓷做的，盆体不透气，只在盆底挖个小洞漏水，并借此让新鲜空气进入。但这个“呼吸口”太小，不勤加照顾，花不容易养活。桌面盆栽在白领中广为流行，身边不少养花草的朋友跟兰清泉交流时都抱怨，一般的花盆放在桌子上泥水流得到处都是。兰清泉就想：能不能有一种会呼吸的花盆，既保水也透气，不就解决养花的这些缺陷了吗？

作为工科生，他想利用技术去解决这一问题，正好他学的膜材料专业有充足的实验机会，说干就干，他钻进了实验室尝试起来。加入纳米陶瓷材料，变化花盆的配料和工艺，凭借近 5 年间对陶瓷研究的扎实功底，几经调整配方，他很快研制出了新型花盆。

拿到样本时，兰清泉又种了一盆新的蝴蝶兰。加入了纳米基因的花盆，底部并没有一般花盆的出水孔，所以不用托盘，水也不会在桌上四处乱流。只有早晚观察它时，会发现底部时不时会有一些露珠渗出。“这就是纳米陶瓷的优势，只能透出气体，水分会保持在花盆内。这样一来，水、氧都很充足，花草自然能健康成长，很容易打理”。

为了检验花盆的种植效果，兰清泉还把这只花盆拿到农科院，让专家们种草莓试验，试验效果很不错。这下兰清泉更有信心了，他将花盆申请专利后，决定将这个“会呼吸的花盆”作为自己创业的起点。技术只有真正服务于大众才是有价值的。

二、几经波折

2013 年 11 月，兰清泉注册了南京意陶纳米科技有限公司，自己借资投入 50 万元，另外融到了一部分创业奖励资金。但对于陶瓷行业来说，100 多万只是杯水车薪，为了减少负担，他将花盆坯体的加工外包给了一些工厂，只有纳米的加工是自己公司来做。

从实验室到工厂的产品，这中间还是有很大的差别的。一到生产线上，兰清泉才发现，连续三四个月，出来的成品率都非常低。他急出了一身汗，一项一项地分析到底是哪儿出了问题，是温度、原料还是配方？

经过多次尝试，终于找到了两个原因：一是温度，实验室里有空调，是恒温的环境，但在南京的工厂生产环境里，冬天零下几度，夏天40度，需要继续完善配方，使它能够适应不同的温差环境；第二是原料，进口的那一批纳米原料质量并不稳定，小批试验没出现问题，一旦规模化生产就不行了，最后他只能更换成国产最好的一种原料。所有的问题都解决后，2014年4月，首批3万多个纳米陶瓷花盆从生产线上走了出来。

园艺市场上的花盆只有几块钱一个，国内的厂家都是批量销售，或者为国外品牌代工，但兰清泉希望打出“意陶”的品牌，让它能在高端园艺陶瓷市场填补空白。但纳米花盆加上种子和土壤，一个套餐平均价格在50元左右，能让目标中的城市白领阶层接受吗?

2014年第45个世界地球日，“意陶”提供了一批花盆参加环保部门组织的环保技术和产品的展出。为了让这批花盆显得更有特色，公司的设计师戴浩栋在花盆上画了一批创意画。这是纳米花盆区别于普通陶瓷花盆的另一个特性，用专用的马克笔可以直接在花盆表面画画，DIY一个专属自己的创意作品，而且不需要烧制陶瓷画那样的复杂步骤。

展览的那天，这批漂亮的花盆吸引了一大群小朋友的目光，很快被抢购一空。兰清泉立即从中发现了纳米花盆的另一个卖点，除了会呼吸，还能画画！围绕这个卖点，花盆变得更新潮、更亲切、更符合都市白领和小朋友们个性化的玩法。设计师戴浩栋在公司的官网和微信号上推出了“每日一画”的栏目，每天教大家画一幅手绘陶盆画，画出自己的心情心境，然后配上意陶花盆的图片，让人爱不释手。

带创意图案的私人定制花盆，成了意陶电商销售的主打，不同的节日，兰清泉和团队会应景推出不同的图案供大家选择，更多人买去是为了作为有特色的礼物赠送给亲朋好友。如2014年5月20日，网友小李在意陶的“呼吸微花园”网店为女朋友定制了一盆示爱花盆。根据小李的要求，意陶的设计师戴浩栋在花盆上画了一张火车票，起点和终点分别是“我心里”和“你心里”，车次就是“520”。花盆浪漫的设计，大受年轻人欢迎。

意陶纳米还成功地举办了多次亲子园艺活动，爸爸妈妈和孩子们一起在花盆上绘画创造，最后一起种上萌萌哒的植物，互动的同时也有很好的纪念意义，尤其是在母亲节、儿童节的时候。这样一种全新的融合性的亲子活动方式因为技术的唯一性得以实现，也得到了广大消费者的一致认可和喜爱。

在微信服务号里，除了每日一画，兰清泉每天都在琢磨怎么做改进软性服务，自己不仅仅是在卖花盆，同时也在卖一种有趣而健康的生活方式。不少顾客在微信社区交流养花经验，兰清泉和团队也经常为一些顾客提供养护花草的方法。刚开始，意陶的花盆套装是带透气土壤和种子的，但都市白领懒人比较多，有人没有耐心等待种子发芽到开花的过程，有时候还忘了浇水。为了照顾这样的需求，兰清泉又联系了一家园林公司，两家合作，意陶提供花盆，对方提供绿植成品，组成套装发货，既满足了一些顾客的要求，又达到了双赢的效果。

在创业团队的精心维护下，网店从 2014 年 4 月上线，到 11 月，营业额已有近 10 万元，并培养了一批忠实的“回头客”。招商银行、黄鹤楼、南京工业大学等很多企业和单位也闻讯而来，定制带有自己企业标识的花盆，作为小礼物送给嘉宾，送的不仅仅是一份心意，更是送别人一种健康的生活方式。兰清泉在走访中发现，线下合作的空间也是巨大的，不仅仅是生活馆的体验店。在一线城市的中高端花店、咖啡馆等格调小店都可以作为意陶的线下体验合作店，有意向的顾客只要扫一下体验店里的产品二维码，就可以到意陶的网店下订单送货了。

（江苏省高校招生就业指导服务中心供稿）

创新引领创业，梦想点亮青春

——南京航空航天大学崔益军创业事迹

崔益军，男，南京航空航天大学电子信息工程学院通信与信息系统专业2012级博士研究生，南京宇牧信息科技有限公司总经理，连续多年获得优秀学生一等奖学金以及“中科方德”特别奖学金。先后参与5项国家级、省级以及校级大学生创新基金，并获得江苏省第七届“挑战杯”创业计划竞赛金奖、第八届“挑战杯”全国大学生创业计划竞赛金奖、“Made for China”全球青年创业计划大赛银奖、全国大学生电子设计竞赛一等奖、“TI杯DSP大赛”全国一等奖。公司目前拥有6项核心专利，已成为经过数十项成功案例检验的具有核心竞争力的校园信息化系统供应商。几年来，公司已由原来的单打独斗发展到拥 有31人的创业团队，产值达到400余万元。

一、灵感与技术并发，践行创新

“只要你愿意，创新就在你身边”，崔益军一直这么坚信。作为大一新生的他虽然来自农村，没有一丝创新基础，但敢于实现梦想的勇气并不输给任何人。大一那年，他就告诉自己，要参与到科技创新项目中去，要用自己的技术更好地服务于社会进步。从此，他开始了自己的科创之路。可是当他找到项目负责老师孙永荣教授时，老师却认为他现在才大一，既没有项目基础，又没有专业基础，要开展创新工作，可能性几乎为零。不过他没有放弃，为了自己的科创梦，崔益军大量查阅项目负责老师的最新论文，消化吸收；多次守候在老师办公室门口，等待老师出现，主动和老师沟通交流最新的想法，软磨硬泡下，终于让老师答应指导他，并成功结题。良好的开端是成功的一半，执着的探索精神和实践精神让他在科技创新的路上收获颇丰。截至目前，崔益军同学先后参与5项国家级、省级以及校级大学生创新基金，并获得“江苏省大学生电子设计竞赛”一等奖、“全国大学生电子设计竞赛”一等奖、“TI杯DSP大赛”全国一等奖。

一系列科技竞赛和获奖经历让崔益军把创新融入自己的学习和生活中。他发现出行时的公共交通并不是那么方便，于是想到，为什么不能够对南京市现有的公共交通进行一次调查，并提出优化方案呢？说做就做，那个暑假，他召集了70多名同学，散布在全市多个公交线路上，进行跟车调查，并提出优化方案，提交至南京市交通规划设计局。同年作为理科生的他竟然申请到了学校当年唯一一项人文类学生创新基金重点项目。

正是这种对技术和生活融合的敏感，为崔益军实现技术和创新产品化、市场化的理念夯实了基础，建立公司的念头也悄悄在他心中生根发芽。“技术改变生活”的理念让崔益军在生活中更加关注自己专业的用武之地：看到工厂管理仓库效率低下，就着手推动库存管理ERP系统的建立，并开始初步尝试将技术转化成经济价值。如今这套ERP系统已经不断完善发展成为RFID智能仓储管理系统；看到大学生报到现场的高成本、低效率，萌生报到流程自动化的想法，创新性地将RFID技术和大学生录取通知书绑定，并成功申请了国家专利。

二、梦想与创新齐飞，逐梦创业

“创业离不开创新，而创新从来都根植于生活”。在一次旅行中，大巴进入了过山隧道，GPS信号丢失，无法实现准确定位，这使崔益军联想到，在实际的运输管理中，很多车辆的精确定位都是通过GPS来进行，一旦GPS失效，管理方将无法实现对车辆的精确定位与追踪，这对于运钞车、快递车等特种车辆来说，将是致命的。结合到自己所专长的RFID定位技术，一个灵感闪现出来。2011年5月，公司第一款硬件产品“车载UHF RFID综合控制器”成功研发，初步解决了运钞车、快递车等车辆在隧道及高架下无法定位的难题，第一次真正意义上实现了技术、生活、产品的融合。崔益军以“车载UHF RFID

综合控制器”产生的多项创新型自主知识产权为契机，成功筹资10万元注册成立南京宇牧信息科技有限公司。

公司成立初期，没有地方办公，初始的研发和办公场所，就放到闲置已久的仓库；没有清晰的产品思路，便一次次跑展会，拜访好友；没有成熟的产品研发经验，只能在一次次失败中积累经验。但他从来没有放弃自己的科技创业梦。面对产品“车载UHF RFID综合控制器”推销面临的“三缺”困境——缺资金、缺经验、缺人脉，崔益军积极整合团队，主动出击，积极参与到一些高质量、高水准的创业计划竞赛中去，以寻求改善“三缺”处境的突破。就在此时，由全球最大的创业者社区EFactor主办的“Made for China”创业计划大赛给崔益军带来了希望，大赛吸引了来自中国、美国、加拿大等国的208支初创公司参赛，他不畏强敌，最终荣获中国华南赛区第二名、创业基金2万元，并成功晋级全球总决赛八强。

公司在发展过程中，根据市场不断地调整自身的发展战略。目前公司主要专注校园信息化领域，以“专业的校园信息化平台提供商”为目标，致力于教育信息化与校园生活圈信息化平台的研究与开发。公司自2011年以来一直从事高校管理软件的研发和销售，经过三年的快速发展，已经在高校管理应用系统领域占据了一定的市场地位，在学工管理类软件领域已形成核心竞争优势。公司推出的云考勤系统将考勤与云技术相结合，实现随时随地新建活动、查看活动参与情况，实现了线上线下的信息整合；易招生系统具有提高录取分数、杜绝断档、智能数据分析、锁定潜在报考考生突出优势，能够全程监控地方招生宣传老师与考生的短信、签约信息，实现了招生工作的扁平化管理，两年内，已经有12所高校成功部署了智能招生产品案例；基于RFID的智能录取通知书，在通知书内集成RFID芯片，使其具备智慧“芯”，配合公司研发的远距离感应器以及迎新管理系统，实现通知书发放、新生乘车、报到等方面的智能化。公司拥有经验丰富的技术与管理顾问团队，经营状况转好，注册资本由10万元增至250万元，获得中国教育电视台、东方卫视等近40家知名媒体的100余次报道，并于2015年12月获得南京市青年大学生优秀创业项目特等奖。

三、成长与责任同行，反哺社会

“虽然梦想的重量不一样，但每一个梦想，都值得用心去呵护”。由于体会到自身创业的不易，崔益军在自身成长、践行创业的同时，也通过自己的努力，回馈学校和社会，尝试帮助与指导其他同样有创业梦想的年轻人。两年来，他成功扶持并资助了“航梦校园文化产品团队”“随心驿站校园快递信息化配送团队”，其中以航梦团队最为成功。2015年宇牧联合“丹田股份”注册成立了“南京丹田优里信息科技有限公司”，共同运营随心驿站业务。崔益军带领团队以技术为手段，以合作为模式，先后支持航梦团队建立信息化库存管理平台、线上商城运作平台，使得航梦逐渐成为南航文化产品核心供应商。崔益军在扶持新的创业项目（团队）的同时，也一直关注对校园的反哺和创业梯队的建设。自宇牧创建以来，累计邀请200余名有意走创新创业道路的在校大学生到公司实习轮训。如今，“丹田优里”现已提供30多个勤工助学岗位，为贫困学子提供勤工俭学机会。

“很多时候，我们不是因为看到了希望，才去坚持创业；更多的时候，我们是在迷茫中坚持，才逐渐看到成功的希望。”崔益军常跟自己的工作伙伴说。在创业方面，他也许还稍显学生气，但他一刻不停地奋斗在创新创业的道路上！

（江苏省高校招生就业指导服务中心供稿）

航模科技，放飞创业梦想

——南京理工大学游安华创业事迹

游安华，男，中共党员，南京理工大学机械工程学院航天工程专业2015届研究生，2014年创立了南京水中游鱼智能科技有限公司，将实验室科技转化为产品走入市场，致力于无人机教育培训方面产品的研发、生产、销售和培训，为多所高校和企事业单位提供了多种类型无人机定制方案，同时开发无人机教育培训系列教学课程和教学套材。该公司现已与多家小学及培训机构针对无人机教育培训建立合作关系，并与港澳台地区的企事业单位开展了多项业务。

游安华创业团队合照，左二为游安华

一、逐梦之翼——航模梦初露锋芒

游安华的航模兴趣是在一次国家级航模科研训练中被激发出来的。经过不断地刻苦钻研，他从一个菜鸟蜕变成一个飞行高手，第一次参加比赛就取得了中航工业杯—国际无人飞行器创新大赛二等奖，创造了学校在无人机方面的奇迹。之后他向学校提议成立一个团队专门研究航模和无人机，在学校和专业老师的协助指导下，南理工无人飞行器协会诞生了，他的身份也由学生转换为协会教练。他希望能给南理工爱好航模的同学创造一个学习航模知识的地方，让大家的航模梦都能翱翔蓝天。

仰望蓝天，脚踏实地；德才兼备，知行合一。在学习上他认真刻苦，屡获奖学金，还获得过校五四表彰校园先锋“创新先锋”称号，江苏省“我的青春故事”大学生成长故事会科创之星。在2011年的“首届中航工业杯—国际无人飞行器创新大奖赛”中代表南京理工大学获得竞技组二等奖。自2012年至今，带队参加科研类全国航空航天模型锦标赛和全国模拟飞行锦标赛获得2个团体第一、6个一等奖、16个二等奖和14个三等奖，同时被评为优秀指导老师。国家工信部部长苗圩、副部长刘利华、全国政协教科文卫体委员会马德秀副主任、江苏省副省长何权和国内外各大高校与团队曾多次对他的协会进行考察，并给予了高度肯定。

二、筑梦之旅——从航模到无人机

2009年，游安华报名参加了学校孙波老师指导的国家级航模科研训练，需要在实验室里手工加工一架展翼3米的飞机。由于当时学校还没有完善的设备，实验室条件不好，冬如冰窖，夏如蒸笼，使得这个挑战更为艰巨。那时候他们的每个周末和节假日基本上都与实验室为伴，最终依靠无限的耐心和大量机械性重复地用锉刀与砂纸打磨出了成品。

飞机做完之后，新的问题又出现：飞机没人会操控！要知道飞机模型制作得再好，若不会飞，等于徒劳。因此，为了培养自己飞控的本领，他开始模拟飞行练习，待模拟得差不多的时候才开始组装飞机，学习如何焊接调试电子设备，直到最终将飞机送上蓝天。这个过程历时半年，其间遇到很多技术上和经验上的问题，在余劲天老师的帮助和指导下一一解决。

一次偶然的机会，余老师和他聊起无人机，让他意识到了航模相对于无人机来说仅仅是小菜一碟：航模终究只是航模，必须要有人运用遥控器进行控制飞行。而无人机却可以通过自动驾驶仪实现自主飞行，看似很简单，但无人机的科技含量相对高得多。这让他对无人机产生了浓厚的兴趣，以至于当余老师问他“有没有兴趣一起来搞无人机，飞大个的飞机?”时，他当即便应了声：“搞!”随后，在2011年国内首次举办的无人机飞行盛会—首届“中航工业杯—国际无人飞行器创新大奖赛”中，游安华团队的无人机“海星5号”在两轮的比赛里成功勾住了第三根拦阻索，获得了江苏省第一、全国第六的好成绩。这次比赛成功开启了他的“无人机”之路，余老师也成了他航模事业上的伯乐。近年来，喜欢航模和无人机的同学逐渐增加。游安华当上协会会长和教练之后开始带领队员参加比赛和各类学习交流活动，在短短3年间，他带领协会成员多次参加国内外比赛，也吸引了更多的同学加入，他想将来也许能为祖国的航空航天事业贡献自己的一分力量。

三、展翅起飞——水中游鱼的创业梦

游安华热爱航模，他忍受实验的孤独与单调，经过了无数个日夜的努力和不断创新，如今他已经拥有了自己独立研发的微型多旋翼无人机。在别人看来，他的梦想实现了，但对游安华来说，他的梦却刚刚开始。

在游安华就读研二的时候，心里就萌发了创业的想法。对于很多模友或者还没入模的人来讲，体积较大的多旋翼无人机具有一定的危险性。因此，他决定设计一个微型四轴迷你侦查无人机。在多位老师和同学的支持下，经过几个月的努力，无数个日夜的焊接调试，最终完全手工打造出一台巴掌大的迷你微型四轴，受邀到全国机器人大赛中进行表演，现场反应很热烈，还曾被众多公司企业选中，进行参展表演。

由于微型四轴体积小、重量轻、便于携带、安全性能好、结构坚固、不怕“炸机”、飞行性能稳定，吸引了一批爱好者。游安华抓住时机，尝试性地把手工制作的微型四轴放在淘宝网上销售，销量很不错。但手工制作效率实在太低，委托工厂进行大批量生产也不现实。随着无人机技术的成熟和使用经验的丰富，多旋翼又具有门槛低、危险小、易改装和易维护等特点，受到越来越多航模爱好者的青睐。面对前景广阔的无人机产业，特别是在学生的无人机教育培训市场上，游安华产生了创建公司的想法。

2014年，游安华成立了南京水中游鱼智能科技有限公司，带领着5人团队潜心研究无人机技术，并面向市场提供无人机订制服务。在近一年的时间里，其自主研发生产的微型四轴飞行器作为教辅器具，受到各培训机构和学校的青睐，在大陆及港澳台地区已售出超过2000台，团队营销总额已达到50万元，成为南理工学生创业队伍里的一匹“黑马”。自创业团队成立以来，他们已经在各大航模和无人机爱好者论坛发布了近百篇飞行器精华图文教程和视频教程，受到了广大航模爱好者的认可。

四、搭建“梦工厂”——千里之行始于足下

千里之行，始于足下。对游安华来说，微型四轴仅仅只是开始。更优秀的无人机设计产出，更广泛的学生参与研发，更多的大学生甚至中小学生能够学

习无人机相关知识并使他们当科学家的愿望及时得到实践才是他心中最大的梦想。因为在他小时候没有这样的机会，所以他立志通过自己的努力，“从娃娃抓起”，培养一批又一批能够对祖国的航空航天事业作出贡献的人才。

在公司成立后不久，游安华确定了团队未来的四个目标：一是改进技术，公司能拥有全自主知识产权的产品设备；二是拓宽思路打开市场与业务，让更多学校及机构搭建起类似水中游鱼团队心目中的无人机实验室平台，让更多的人见识到无人机的长处与本领；三是吸纳更多有技术有资金的合作伙伴，提升公司硬件条件；四也是主要的目标，就是为更多学校搭建无人机实验室，同时打造无人机教育培训产品及课程，通过套件的形式让更多的大学生、中小学生参与飞行器设计制作中，让更多大学及中小学有个更好的环境与空间，让学生能有更多的动手实践机会，同时投身祖国的航空航天事业中，这个也是游安华创业的初衷和理想。

对于创业者来说，资金是搭建理想的“梦工厂”难以逾越的鸿沟。青年创业企业的共同问题是缺乏资金支撑，难以走得长远。对游安华来说，如何在企业创办、日常管理、发展融资等方面获得帮助是其最需要得到解决的问题，同时这也是在倡导大力发展民营经济，尤其是鼓励青年创业的今天，社会各界需要思考的问题。对这个阶段的水中游鱼团队来说，现在亟须一笔资金进入。游安华迫切希望融一笔资金，快速扩大市场规模。他认为，不仅企业的生产技术、能力十分关键，发展速度也至关重要，“按照现在的速度，很容易被对手赶上，甚至被超越”。因此，游安华计划在近两年内抓住一切的融资机会，尽快拓展市场，夯实基础，扎实地搭建好他心中的“梦工厂”。

（江苏省高校招生就业指导服务中心供稿）

浙　江

“泥鳅兄弟”的创业故事

——浙江海洋大学王小军创业事迹

一、个人简介

王小军，男，汉族，1987年5月出生，四川邻水县人，2016年毕业于浙江海洋大学水产养殖专业，研究生学历，农学硕士学位，舟山市青年企业家协会会员，舟山市优秀共产党员荣誉获得者。先后发起成立舟山台岛鳅业有限公司、连云港台隆水产科技有限公司，公司主营台湾泥鳅、沙塘鳢等水产苗种及水产益生菌制剂的研发与生产，同时，开展养殖废水及城市污水的生态治理技术服务。其创业故事先后受到中央电视台、浙江电视台、舟山电视台、中国青年报等多家媒体采访报道，并于2016年2月受邀做客湖南电视台《天天向上》。与此同时，公司项目荣获第九届挑战杯全国创业大赛金奖、浙江省第九届挑战杯创业竞赛特等奖、第二届舟山群岛新区创新创业大赛特等奖、2016年全国农业硕士实习实践优秀成果奖等奖项。公司在不断发展壮大自身的同时，也以高度的社会责任感践行“锐意进取，奉献社会”的理念，为经济困难的养殖户免费提供苗种和技术支持。

二、个人事迹

2009年，王小军考上浙江海洋大学水产养殖专业。

大学期间，他特别珍惜这来之不易的学习机会，从踏进大学校门的那一刻起，他就暗下决心：必须学好专业知识。但他并不是要做一个“两耳不闻窗外事，一心只读圣贤书”的书呆子，而是始终坚持“学以致用”的理念，对所遇到的问题反复试验并深入实践。

“原本打算本科毕业后就找份工作，一来可以实现经济独立，缓解家里压力；二来可以早些接触社会，赚取社会经验。”王小军说出了他对大学毕业后的最初规划。“然而，由于对科研工作的热爱，我选择了考研。”

作为王小军本科期间的班主任，储张杰教授一直从事泥鳅方面的研究，是国内泥鳅方面的权威，由储老师带领的泥鳅研究团队已经攻克了泥鳅从繁育到养殖等一系列技术难关，而王小军在大一期间就加入了该团队。

经过不断努力，王小军等人在储老师的带领下突破了泥鳅苗开口饵料技术、敌害防控技术和病害防治技术等一系列制约行业发展的技术难关。使得泥鳅幼苗培育成活率从5%～10%提升到了55%以上，而繁育成本则下降了60%。这些关键技术得到了CCTV－7《科技苑》、浙江电视台、舟山电视台、浙江日报和中国青年报等多家媒体采访报道，引起行业内极大关注。

作为一名农学硕士研究生，王小军深知科研目的就是为了实现农业技术的应用与推广，他也早已有了“把论文写在田野上”的决心。而通过开办养殖场自主创业，一方面可以将研究成果直接应用于实践，实现科研成果向产业成果的转化；另一方面可以形成示范，推广先进技术，带动更多农民致富。

“目前，国内泥鳅苗种培育成活率只有5%～10%，而我们已经达到55%以上，如果我们负责苗种的供应，不仅可以从中获取利润，而且能够以更低的价格卖给养殖户，降低养殖户的成本和风险，实现双赢。”

确定了创业方向，却发现缺少资金成了创业路上的第一只“拦路虎”。土地承包费、设备投入费、基地改造费……估算下来，创业初期成本居然要10多万元。“然而团队成员都来自农村，父母没法给我们太多支持。”王小军说，“筹集资金，只能靠自己。”于是，只能向亲戚朋友一遍遍讲述创业方案，努力说服对方，终于凑齐了10万元。

2013年3月，在学校和储老师的大力支持下，他与伙伴们承包下20亩地，挖塘搭棚，开始了创业之旅。

“虽然取得了不少科研成果，拥有了行业领先的养殖技术，然而因大规模养殖经验不足，养殖过程中还是吃了不少苦头。”王小军对此记忆犹新。

2013年6月，首批泥鳅苗出塘在即，一项检测结果却让团队成员陷入纠结之中。原来，公司成立初就明确了要“为养殖户提供最优质的苗种，提供最优质的服务”，因此，每批苗出售前必须经过严格的质量检测，质量合格才能对外出售。然而，检测结果显示，首批苗种却感染了寄生虫。一方面，如果不出售这批苗种，不但要退还客户订金，还要搭上所有成本，这对于正准备卖了泥鳅苗，回笼资金的养殖场来说，无异于晴空霹雳；另一方面，由于寄生虫爆发具有时限性，短时间内难以察觉，如果坚持出售，则可以获得收益，缓解资金压力，客户买苗时不会发现异常，但是一旦寄生虫爆发，势必会造成客户巨大损失，甚至苗种全军覆没。

“首批苗种就遇到这种情况，确实让我们有些措手不及。所幸，我们坚持了初衷，一致决定将这批感染寄生虫的苗种全部杀灭，以示警示，并将实情告知订购苗种的客户。没想到地是，原本以为损失几万元的举措却打开了我们初期销售的大门。这一举措反而为我们带来了更多客户，诚信经营的理念得以口碑相传，最终使我们赢得了行业信任。”

“创业哪有一帆风顺的，遇到困难是正常的。只要不断总结，不忘初心，我们收获的不仅仅是创业的成功，更是宝贵的人生经验。”正是有着这种以苦为乐的精神，他和伙伴们克服了创业的种种困难。2014年公司实现销售收入150余万元。2015年3月，“泥鳅兄弟”的创业故事受到中央电视台财经频道《生财有道》栏目组为期一周的专题采访报道。2016年2月，受邀做客湖南电视台《天天向上》。2016年5月，注册成立连云港台隆水产科技有限公司，截至目前，公司基地面积由20亩扩展至200亩，公司主营业务也拓展到台湾泥鳅、沙塘鳢等多种水产苗种及水产益生菌制剂的研发与生产。

2017年，在全国环保高压下，公司团队敏锐地发现水产养殖废水处理的商机，积极开展养殖废水零排放的生态处理技术研究，取得了一系列成果，并成功推广到城市河道的生态治理中。

面对已经取得的成就，王小军没有膨胀，而是让自己冷静下来。他理性地认为，大学生创业不仅仅只是在自己的专业领域有所作为，还必须具有高度的社会责任感，以实际行动践行“锐意进取，奉献社会”的人生理念。

截至目前，公司已与国内多家养殖企业建立了技术推广合作关系。同时，公司实施“苗种送养试养惠民工程”，为经济困难的养殖户免费提供苗种和技术支持。另外，公司已为广大农民开设公益性泥鳅养殖技术培训会20余场，培训技术人员百余人。

“我们将养殖基地打造为科研平台，继续提高养殖技术，同时，加大力度简化有机废水处理程序，为生态养殖和城市生态文明建设尽一份力。”说到对未来的憧憬，王小军信心满满。

（浙江省高校毕业生就业指导服务中心供稿）

“我爱生活”——社区扫码售货无人车创始人

——浙江越秀外国语学院杨斌创业事迹

杨斌，男，浙江温州人，浙江越秀外国语学院朝鲜语16届毕业生，在校期间加入校团委学生会，担任校学生会副主席，分管创业园。2016年，毕业实习结束之后，开始了自己的创业之路，在接触了各行各业之后，于2017年4月创办了“我爱生活”便民服务平台，于2017年10月发起了“信零售”校园无人货架项目，并且注册公司：绍兴市一八零度电子商务有限公司。截止2018年2月底，“我爱生活”项目已经产生了1000万元的营业额，平均日营业额可达3万元。

一、人物专访

2017年下半年浙江新闻的一篇《大学生小区微信群上卖菜不加价，不赚跑腿费，他们到底图的啥?》上登载了越秀2012级韩语专业毕业生杨斌，以微信群为载体，小区为单位，为绍兴的小区居民提供蔬果配送，信息交流之类等非常接地气创业的报道。看到这则报道，学校密切关注。

杨斌提出的“我爱生活”大型线上便民服务项目已申报了国家级大学生创业项目，根据地就在越秀大学生创业基地，所以访问在校内非常方便，得知学校来看他时，特地安排时间接受访问，看出来杨斌对此次访问也是十分重视。

二、为创业：经验学习很重要

杨斌的大学生活与其他大学生一样，心中充满着理想——创业，在高中的他就想要创业，到大学以后，加入大学生创业园，刚开始做的事其实跟创业不搭边，更多的是一种厚积薄发，为以后做准备，四年内从创业者身边学到了很多经验。尝试了各种各样的事情，担任了学生会副主席，学生会的生涯让他积累了很多工作经验、交际能力。

创业其实也是很综合的，方方面面的东西都会涉及。为了创业，杨斌对互联网、金融这些感兴趣的方面都有在涉猎，还会在课上做旁听。他说："学的时候就要坐下来好好想想，你需要什么就要学什么。"一个创业者需要各方面都要懂，大学四年里的知识，不管是什么，在将来总会派上用场。剩下的就是跟学业作斗争，保证学业上的成绩。

创业创新：微信信任（我爱生活）。

杨斌开始是想做新媒体文案，应聘了三家工作，遭遇了不顺心之后，便辞去了工作，专门到城东的部分小区做了许多调查，调查发现许多上班族以及全职太太非常头疼买菜的事情，对于上班族来说，如果一下班，蔬菜直接送到家，就能省下不少时间。"于是他想到在小区贴广告，创建微信群，这一举动收获了许多粉丝，让杨斌大为欢喜，开始创业组建了运营团队，他的团队是由他和他的很多学弟学妹组成的。就这样"微信卖菜"的创新模式便是杨斌创业的一大步，一个好的开头。每天晚上商户们会主动来报价，杨斌的团队把价格表贴到微信群，晚上 8 点左右，需要的住户会在群里下单，下单时间不固定，一般提前 3 小时即可。

顾客下单后，所有的菜品都由杨斌和他的团队从该农贸市场购得，每一样均用透明塑料袋包好，塑料袋上贴着电子秤打印出来的标签，载明品名、价格、重量，塑料袋外用水笔写着送货地址。然后再由他们骑着电动车，挨家挨户送货上门。没有雇员，接单、买菜、送货，全部由队员们自己完成。他们与用户之间靠的就是一种信任。

两个月的合作后，现在双方已形成默契，杨斌的团队都是"90 后"，最大的也才 24 岁，这些在家里基本不干家务的小伙们买菜时难免会出现糗事，比如有客户要买黑鱼做酸菜鱼，结果送上门后顾客一看急了，“做酸菜鱼的黑鱼是要剖背的，你这剖的是鱼肚，得，我还是红烧吧。”从此小伙们都知道了，做酸菜鱼的鱼是要剖背的。“他们开玩笑说到：“万一创业失败，我们将来做个居家好男人没问题。”这个项目不过10个月就拿到了500万元的融资，一切就像个奇迹。

杨斌之所以能创办“我爱生活”线上便民服务平台，正因为在摸索新的创业模式、运营新的商业模式下了不少工夫，期间挫折必定不少，但是他立足大数据分析，坚持不懈，努力创新，终于找到创业的真正立足点——需求孕育市场。截至2018年2月，已经覆盖了绍兴220个小区，拥有11万粉丝，其核心理念是为了弘扬社会主义核心价值观，寻回“远亲不如近邻”的优良传统，构建和谐的小区和邻里关系，同时链接商品产地，为居民和农民搭建直购桥梁，旨在解决贫困地区农产品滞销等问题。

三、创业寄语

第一，有一个跟自己三观合、想法意见统一、行动力强的团队，现今时代分工越来越明确，一人懂互联网，一个懂金融，那是OK的。以前创业卖水果的时候没有互联网，一个人就可以搞定，但现在渠道要多元化、销售和品位要多元化、研发要多元化，这些东西都需要多元化的时候意思就是说一个人完成不了这些。

第二，谈到资金，杨斌说不用担心，现在国家对大学生的创业扶持力度很大，所以是次要的，只要有想法，且想法有可实行力度，不用担心资金这个问题。

但是想创业，还是得一步步脚踏实地，不能今天一出明天一出。有些连大学都没考上就创业成功了，但那毕竟在少数，还有好多创业者都是高学历的。创业就是一种历练，前面会很难，但融入贯通了之后，就会容易很多。总之一句话，不忘初心，方得始终。

四、人物感悟

在访问杨斌的过程中，我们始终被感动着，杨斌真的是一个能吃苦会创新懂得感恩的好校友，多次提到学校的帮助，带给他更多的是一种素质教育，大学四年，一定要抓住每次机会，大胆地尝试每一件事，或许失败，但也是为成功铺下的垫脚石；大学四年，不管学什么，多学一点准没错，对以后总会有所帮助；要一步步脚踏实地，创业就是一种历练，没有无数次的拼搏，怎么会成功。

他非常鼓励现在的大学生创业，只要有团队，有切实可行的想法，有国家的政策帮助，一切都不是问题。从青涩的新生年代，校学生会的身兼数职，职员时的熬夜奋战，初创时的压力山大，到现在的小有成绩。杨斌就是一个成功的典范，激励了越秀学子走上自己喜欢，敢闯当的道路。

（浙江省高校毕业生就业指导服务中心供稿）

看，指尖上的舞蹈
听，梦想开花的声音

——浙江商业职业技术学院王晓雯创业事迹

在进入浙江商业职业技术学院之前，王晓雯是一位有点内向、文静的女孩。连她自己也没有想到，有一天她也可以在众人瞩目下，自信地大声宣讲、推广自己的产品。

王晓雯是浙江商业职业技术学院人文学院文秘专业2013级学生。大一时，因为专业的缘故，她接触到了速录工作。

“第一次看到速录时，看到那双在键盘上灵巧敲击的手，给了我很深的印象。”王晓雯说：“它就像指尖上的舞蹈，快速地跳跃着。伴随着一行行出现的文字，消失的声音被定格下来。”于是，王晓雯开始报名学习速录技术。

因为学习速录，王晓雯有机会进入学校创业园的速录工作室，并在这里结识了另外两名志同道合的同学，三人渐渐有了默契。在学习速录的过程中，她们发现，学校每年新生入学资料、各类的会议记录、重要的讲座都需要进行记录和整理，而这一块的“市场”并没有被人注意到。深受学校创业氛围影响的她们萌生了创业的想法，她们决定成立一家专业提供速录服务的公司——杭州杭安速记服务有限公司。

2014年11月，大二的王晓雯带领团队创办杭州杭安速记服务有限公司，成为全省首家以速录技术为创业切入点的企业，主营业务有现场会议记录、录音录像整理、速录培训以及文字录入等服务。

公司成立后，她们联系了广告公司做了宣传单、名片和展架，用这些传统的方式进行自我宣传。公司的三位创始人都是女生，但是从决定创业的第一天起，她们就突然有了不怕失败、奋力拼搏的勇气。为了让更多同学看到速录的魅力以及广阔的前景，加入自己的创业团队，王晓雯开始借助学校各类创新创业项目路演活动的平台，自己制作PPT，给同学们进行宣讲，以现场讲解和演练方式，来激起大家对学习速录和共同创业的热情。

同时，她和小伙伴们还主动找学校的领导来推销自己，通过咨询学校的创业导师来“结对”校外的创业导师，抓住一切机会，积极地“走出去”，帮助自己的创业项目成长。在这个过程中，也会有被拒绝的时候，“这个时候我就会想起创业课上老师对我们说的话——创业会存在很多的困难和阻力，没有遭到过拒绝的成功决不会长久。”王晓雯说，“我经常对自己说，大胆一点，伟大无比的力量自会来帮助你。”

慢慢地，她们的人脉开始积累，经验也不断丰富，公司的业务做得有声有色。自2015年开始，杭州杭安速记服务有限公司开始承接云栖大会的速录业务，一炮打响了业内知名度。目前，她的创业项目已经带动30人兼职创业，公司年营业额达50万元。

在浙江商业职业技术学院，王晓雯不仅是一名“创业能手”，也是专业过硬的优秀学子。在校期间，她荣获全国职业院校速录比赛二等奖、浙江省文秘速录比赛一等奖、浙江省秘书技能大赛三等奖、首届浙江省大学生经济管理案例竞赛二等奖、浙江省第七届职业生涯规划大赛三等奖、第九届“发明杯”全国高职高专创新创业大赛（创业类）二等奖、校技能节小微企业经营管理设计方案大赛一等奖、浙江省挑战杯校内选拔赛二等奖、第四届中国（杭州）大学生创业大赛400强等奖项；年年荣获学校优秀学生奖学金以及“三好学生”、2015年度“创业之星”等荣誉称号；被评为2016年浙江省优秀毕业生。

“虽然我自己不曾享受过学校创业学分和创业实践置换专业学分和顶岗实习的政策福利，因为我一向来是个传统意义上的好学生，”王晓雯笑笑说，“但我的创业团队里很多同学都享受过，也因此才能更好地平衡学业与创业之间的关系，匀出更多的时间进行创业实践。”

杭州杭安速记服务有限公司是个真正意义上的“巾帼公司”，不仅法人是一位女生，连公司所有成员包括学员都是女生。王晓雯说，就是我们这一帮女生，创造了从无到有的奇迹。

王晓雯感慨，在校三年，我们学到了太多美好的东西。我想，多年后，我依然会记得那些个练完速录的夜晚，我们三三两两的女声，回荡在清幽的校园小路上，我们欢声笑语，我们无话不谈，那是最好的我们，那是我梦开始的地方。

王晓雯的创业事迹于2016年8月26日，在《浙江工人日报》第3版被大幅报道。在王晓雯的身上，我们不仅看到指尖上的舞蹈，还听到了梦想开花的声音。

王晓雯在学校创业园的公司手捧速录机，笑靥如花，这里是她创业梦想开始的地方

（浙江省高校毕业生就业指导服务中心供稿）

江　西

自主创业，撸起袖子加油干

——江西理工大学黄煌创业事迹

人物简介：黄煌，男，生于1994年，共青团员，入党积极分子。江西理工大学应用科学学院信息工程系通信工程专业131级学生。2014创办私人驾校，并迅速扩张，取得较好的业绩。2017与他人联合经营一个室内设计公司。家境一般，以其坚持不懈、求真务实的信念，坚忍不拔的性格和对事业的满腔热情白手起家，自主创业。为多名在校大学生提供社会实践机会，积极回报学校，赞助学校系里各种活动，成为当代大学生自立自强的典范。

幼年的经历让他明白了生活的不易，他立志通过读书改变命运。在创业的过程中，他贷过款，遭过白眼，单枪匹马闯荡广州，一路走来，历经风雨。从一名普通的大学生，逐渐走向一名成熟的创业者。他就是我院信息工程系通信工程专业131级学子——黄煌。

一、艰苦创业，白手起家

早在高中，黄煌就开始利用暑假，得到了他的第一份暑假工——销售助手，在这一岗位上，他利用自己独特的思维销售着各种家用电器，用他的话来说就是："我卖的不仅是电器，更是给顾客周到的服务。"一个多月的暑假生活让他赚到了人生第一桶金——8000元。

步入大学后，他在机缘巧合之下开始在校园内经营一家私人驾校。此后，他还参与赣州一家绘图工作室的业务工作，通过他和团队人员的共同努力，将工作室的业务量推向一个新的层面，正是这一段经历让他嗅到了商机，他产生了创立室内装饰公司的想法，自从有了这一想法，他整个人都精力充沛起来，他开始自学3DMAX、CAD等室内设计软件，在网上学习相关经验以及寻找合作伙伴。

后来，黄煌投资并创办唐艺汉工装饰设计公司，这是为一家综合一站式家装服务公司，在他的指导下，公司创新了一站式家具电器选购模式。成立至今，已经取得较好的业绩，单月最高业绩超过百万。

在其创业过程中，困难无处不在。从最初不会使用设计软件，到后来不知道如何创办和经营一家公司，可骨子里那不服输的拼劲使得他没有在众多的困难面前止步不前，相反，他凭着永不言弃的信念，将面临的困难各个击破。

开始身边的很多人都不相信他，一名大学生能够管理好一家公司，可他偏偏做到了。管理得井井有条，公司从白手起家，到实现盈利，再到初具规模。他凭借自己独特的逆向思维和敏感的市场嗅觉，为自己的公司寻找新的需求，开发新的市场。

二、在校全面发展，自创能力培训方法

在校期间，他是一名优秀的学生干部。无论在学习还是学生工作方面，他都积极主动，抱着十分的激情投入其中。他爱好广泛，擅长各种运动项目，积极参加各种活动，是一名全面发展的好学生。为人谦和友善，真诚待人，得到身边同学和老师的赞赏。

不仅如此，他还自创了一种独特的能力培训方法，是一种通过对参与者进行培训和素质拓展，以各项实践为主，理论培训为辅的自我感悟方式。参与者对此评价很高，称培训经历让人终身难忘。

三、心怀感恩，回报社会

公司初具规模后，步入社会，他不忘回报母校，多次赞助学校系里各项活动。他深知，作为一个初出茅庐的大学生，能够取得今天的成绩，得益于当初老师和学院领导的关心和扶持。当了解到公司在物联网推广上需要进行大量作业，可提供直接或间接就业岗位上百个，为母校学子提供一个兼职实践的平台，帮助母校多名在校大学生进行社会实践，有效的满足了贫困大学生对兼职岗位的需求。极大培养了同学们的实践能力，学子们被他的这种拼搏奉献的精

神触动，在他的启发激励下，很多在校大学生开始自主创业。

他也不忘播撒爱心的种子，多次开展社会公益活动。在 2017 年 12 月，公司开展关爱农民工子女的公益活动，为关怀留守儿童，他带领公司员工累计资助教材以及学习用品千余元。给孩子们送去精神食粮，被当地管委会授予“爱心企业”称号。

回顾自己的创业经历，黄煌同学用他的亲身经历告诉我们，“勇气是动力，毅力是坚持，汗水是过程，创业是收获”。

他用勤学实干兴业，靠求实创新发展。敢于超越自我，才有了今天的事业，黄煌，一个 23 岁学生凭着他的坚韧和拼搏做到了同龄人无法做到的事情。相信他将在创业路上越走越远。

（江西省高等院校毕业生就业指导服务中心供稿）

不辜负这个创业的时代

——江西师范大学毕业生姚智德创业事迹

姚智德，江西芒果青年实业有限公司董事长，男，1985 年出生，江西师范大学 2015 届政法学院硕士毕业生。公司是集高校后勤社会化保障、校园商业综合体、大学生创业园、教育国际化于一体的现代化管理型企业，下属芒果青年餐饮项目数十家，管理营业面积近 10 万平方米，年产值近 2 亿元，为 1000 多人次创造了创业机会，为 6000 余人次提供了工作岗位，为 7000 多人次在校大学生提供了安全、方便的社会实践平台。

姚智德先后被聘为江西省大学生创新创业导师、江西师范大学深港校友会副会长、南昌市新生代企业家协会常务副会长，并获得 2015 年度南昌市青年创新奖，分别接受了《人民日报 文教周刊》、人民网、中国日报网、江西日报、江西商报、江西电视台、南昌电视台、上饶日报、上饶晨报、江西凤凰旅游频道、江西教育电视台创业大讲堂栏目等众多媒体的采访报道。

“狠”年轻，是第一眼见到姚智德的最深感受。想象里他应该是一位事业有成的“大叔”型男，但眼前这个满脸洋溢着青春的年轻人今年才刚刚从江西师范大学政法学院毕业，取得法学硕士研究生学位。1985 年出生的他虽至而立之年，但俊朗的脸庞看过去分明是一个娃娃。干净的短发、淡绿的衬衣，在他身上尽展着青春的颜色。言谈举止之间，他又透露着与这张稚气的脸庞并不相称的成熟与睿智。更让人难以想象的是，眼前这个娃娃就是年产值近亿元的“江西芒果青年实业有限公司”董事长。

“芒果是一种热带的水果，加上它的颜色鲜艳明亮，有一种热情奔放的理念。因为我们服务的目标群体主要是大学生及青年团体，所以我们就特意加了一个标志——青年。”这个充满青春色彩的名称，传递着姚智德的创业精神，在他热情年轻的外表下，透出一颗勇敢、聪慧的心。作为一名“大众创新，万众创业”的草根创业代表，他的成功经历受到了各大媒体的争相报道，“姚智德”这个名字也迅速火遍这片赤热的土地。

一、商人之子初露锋芒

谈起姚智德的创业经历，就离不开他的成长环境：他生长在万年的一个小山村，父亲是一位白手起家、颇有成就的商人。

20 世纪 90 年代初，年仅 5 岁的姚智德亲历了父亲辛苦创业、发家致富的奋斗过程。“父亲是一个努力的人，对生活有着美好的向往”，姚智德回忆道，“刚开始的时候，父亲磨豆腐、养生猪。那时候都是用牛拉磨，到了过年过节需求量特别大，晚上经常通宵作业，每天起早贪黑非常辛苦。在有了一定的积蓄后，父亲又开始养鱼、做大米加工，他的努力与勤奋逐渐为家庭带来了财富，他从一个普通的农民跃身为当地知名商户。”父亲的一言一行潜移默化影响着姚智德，他身上流淌的商人血液也为他日后的成功埋下了伏笔。

2006 年，姚智德考上江西师大城建学院攻读房地产发展方向。从大一开始，姚智德就渐渐展现了商人之子的天赋。那一年，他与同伴在校外开了一家电脑维修店。“当时没什么创业的概念，也没做什么资金投入，月租 1500 元是最大的开支。那时候笔记本还未普及，学生们大多用的是台式电脑，一旦出现问题搬到专卖店去比较麻烦，学生们大多选择就近维修。所以我的生意很好，最多的一天纯利润就赚了 3000 元。”姚智德这段平静简短的叙述，让人感受到他身上迸发出浓郁的商人气息。

初生牛犊的姚智德小试牛刀就大获全胜，此后便一发不可收拾。他将电脑维修小店转让，又开始经营服装、西餐厅等创业项目，期间经历过被大火烧店毁失 6 万元的困难，但这些都没有浇灭他创业燃烧的小宇宙。在遭受重大损失后，他重振旗鼓辛勤耕耘，在鼎盛时期同时拥有 7 处小店，其中最有影响力的就是“洛可可西餐厅”，而他也因此成为校园青年创业的代表人物。

转眼几年的大学生活过去，一帆风顺的姚智德在临近毕业时忽然有了一丝不如意，“不得不承认，大学这几年，我把更多的时间花在了创业上，对学业并没有留太多的心。”姚智德吐露当时的心境，因为他读的专业是房地产发展方向，许多同学都在全国知名房地产企业找到了工作，但他却还是守着几间小店。“学生时代做生意是创业榜样，但一进入社会，自己与千千万万的‘个体经营户’没什么区别”，这与姚智德对未来的美好憧憬有着太大的差距。

二、重回母校再萌创业梦想

姚智德带着这种复杂的心情毕业了。在之后的两年里，他试图将自己的生意扩张，先后成立了航拍公司、教育培训等机构，但却并不如学生时代一般顺利，对行业的定位以及对社会需求把握出现的偏差，让这个意气风发的小伙子开始陷入困境。“那个时候感觉人生特别的灰暗”，姚智德回忆说，失败与焦虑让他失去了斗志，在经过一段时间的挣扎后，他沉淀下来重新梳理未来的方向，最后决定重新拿起书本，攻读研究生学位。

2012 年，姚智德考入师大政法学院攻读研究生学位。重回母校的姚智德又像鱼儿入了水，冥冥之中似乎注定他与校园有着难以分割的情感，他的人生又展开了一段蓬勃的创业生涯。

入学后不久，师大第二食堂承包到期对外发出招标公告，敏锐的嗅觉让姚智德感到这是一个机会。“在母校摸爬滚打了四年，对高校运营体制与学生市场需求非常有把握，这些因素加起来让我几乎没有犹豫就决定把这个项目接下来运作。”而正是这没有想太多的一步，让姚智德开启了真正的事业起跑线。

在拿到食堂的经营权后，姚智德并没有打算用以往食堂经营方式来运作。他脑海中冒出一个大胆的想法：用商业地产的方式来打造一个文化商业的综合体，简单来说，就是打造成类似于大连万达、恒茂商业地产之类的商业街。

这个想法让姚智德兴奋不已。在接下来的日子里，他利用一切人脉与机会进行招商。不得不说，这些年以来的创业为他积累了一些经验，虽然在这个过程里历经艰辛与困难，但他仅用了两个月就将三层楼的商铺全部招满。这里面，有中西餐厅、咖啡厅、饰品店、大学生工作室，还有他自创的品牌“爱上蒸品”“七千瓦咖啡”。与其他文商综合体不一样的是，他还开辟“鹿鸣文化创意创业园基地”，专门为大学生创业提供场地、平台，为他们指引方向。

这个大胆的想法给姚智德交了一个满分卷，这个综合体当年即实现丰厚的盈利。这样的成功无疑给了姚智德足够的动力，他的扩张也开始了。

“从 1999 年开始国内所有高校后勤对社会招投标改革，其中最主要的就是高校食堂。”姚智德说，这给了他一个肥沃的土壤。2013 年，他注册成立“江西芒果青年实业有限公司”，随后，他将这种综合体以“芒果青年”命名并进行复制，在江西科技师范大学（以下简称“科大”）红角州校区、枫林校区、江西财经大学南院、泰豪动漫学院等落地开花，营业面积近 22000 平米。

姚智德的芒果青年文商综合体也在这个城市名声作响。因为地处校园以学生为消费主体，相比市区万达等商业地产来说有绝对的价格优势，一些年青人避开热闹的都市，喜欢在他的芒果青年文商综合体里消磨假日。这其中，尤科大红角州校区最受学生们的喜爱。至去年年底，姚智德所创建的公司为1000多人次创造了创业机会，为6000余人次提供了工作岗位，为7000多人次在校大学生提供了安全、方便的社会实践平台。

三、小小“芒果”的腾飞裂变

“3年至5年的时间，我要让‘芒果青年’在新三板上市。”姚智德自信地说。

为了这个梦想，姚智德正竭尽全力、铆足干劲。在这个暑假，姚智德正在着手在3个校区规划芒果青年文商综合体，他说：“在这个点上，计划以每年50%的业绩递增。”

在谈到芒果街与其他商业地产不一样的地方时，姚智德说：“芒果街是一个品牌，我们为在这里入驻的商户整体对外宣传。比如餐饮这一块有中餐、西餐、咖啡厅等多家小店，我们整体包装运作，在外送这一块也是集中运作，包括这里的各个创意工作室，虽然每个店老板不同，但却是一个整体。”

“与纯粹的商业地产不一样的是，芒果青年文商综合体除了提供餐饮、休闲场所，最大的特点就是拥有大学生孵化基地，这些孵化基地最缺少的就是资金的支持。虽然说可以借鉴南昌陆续出现一些孵化平台，借助于风投的支持。但如果能在新三板上市的话，我更希望用自己的能力将他们孵化，与他们共同成长、共同满足，这其实是自我实现的一个过程。”

与此同时，姚智德投资经营“爱上蒸菜”中餐连锁品牌（师大店、科大店）、芒果青年酒店（师大南路店）。去年，他参与组建鹿鸣文化创意创业园，目前创业园拥有 27 个创业团队，参与创业的大学生有 1000 多人，涉及电子商务、教育培训、餐饮、饰品等多个领域。

近日，姚智德的业务走出校园向社会拓展，他与外滩公馆、绿地双子塔签定了战略合作协议，在这些高端地产里设餐饮机构，为业主提供后勤服务。他说："无论身处多么豪华的公寓或写字楼，中午还是免不了要操心午餐问题，这是很多城市 CBD 的真实写照：住宅高耸入云，配套设施却不太完善，穿着光鲜的小白领们不得不四处寻觅裹腹之地。如果我们入驻这些高楼大厦，可以为他们提供很好的后勤服务，解决他们的后顾之忧。"

在姚智德的微信个人签名上，他用了四个词来介绍自己："农家孩子、硕士、创业者、实干派。"其中他最喜欢的一个词是实干派。姚智德说："现在很多大学生、年轻人都不缺乏梦想，但是真正付诸实践、真正去做的人太少了，创业更需要执行力和实干精神。"

在国家大力提倡"大众创业、万众创新"的时代，姚智德的成长经历给正在创业路上迷茫着的大学生做了一个好榜样，去年 4 月，他获评全省大学生十大创业典型。人民网、中国日报网、江西日报、江西电视台、南昌电视台、江西凤凰旅游频道等多家媒体对他进行了相关报道。《人民日报文教周刊》的主编杨明方曾在姚智德开的洛可可西餐厅组织大学生创业座谈会，并报道过他创办的大学生创业公益组织"七千瓦创业公社"；在全国人大副委员长张宝文组织的"大学生就业、创业政策"的调研中，姚智德代表创业的大学生做了发言，得到张宝文的称赞。

JBN 对话 · 姚智德

谈创业机会：不缺机会，有太多的点都可以进入

JBN 记者：在国家提倡"大众创业、万众创新"的时代，您认为大学生初创会不会有很多的机会？

姚智德：我认为不缺机会，有太多的点都可以进入。但是，每个人擅长的领域不一样，要善于选择和把握，创业需要激情，但须避免"激情创业"。

谈合伙人制度：合伙人就像是你的婚姻伴侣

JBN 记者：中国传统思想认为：不要跟你最亲密的人合伙做生意。但从你这些年的创业经历来看，你大多是采用合伙人制度。对此，你有什么想法和建议？

姚智德：我个人更喜欢合伙人制。因为每个人都有自己的强项和弱势，合伙人之间可以互补。比如，懂财务的负责财务，懂管理的负责管理。但有一点需要强调就是，一定要有核心力量，也就是说其中一个人一定要有绝对的权威，如果从股份制来解释，那就是其中一个人要占 51% 的股权。对于合伙人制，我个人有个深刻的体会就是：只有经历过失败，才知道你想要找的是什么样的人。有句话说得好，合伙人就像是你的婚姻伴侣，如果合伙人找得不适合，会制约事业的发展，所以说，你的合伙人非常重要。

四、谈创业传承：诚信最重要

JBN 记者：你的父亲是一位成功的商人，您认为他对你产生过什么样的影响？

姚智德：这肯定是有影响的，从他身上我学到最多的就是诚信。有句古话叫“无奸不成商”，但我认为这句话有谬误，这种商一定是不成功的商。

五、芒果青年一直在努力前行的路上

创立于 2013 年 7 月的芒果青年，是集后勤社会化保障、校园商业综合体、大学生创业园、教育国际化于一体的现代化管理型企业。现公司总部设立于江西省南昌市，下属芒果青年餐饮项目数十家，管理营业面积近 10 万平方米，为 1000 多人次创造了创业机会，为 6000 余人次提供了工作岗位，为 7000 多人次在校大学生提供了安全、方便的社会实践平台。

（江西省高等院校毕业生就业指导服务中心供稿）

巾帼创业不让须眉，做天下女性的“右先生”

——江西旅游商贸职业学院张美莹创业事迹

我叫张美莹，来自江西旅游商贸职业学院，勿忘初心方得始终，怀揣着一颗创业的心走到现在，哭过、笑过、痛过，也被折磨过，但是从没想过放弃，还记得一开始创业的起始点在于自己设计了一个东西，不甘平凡找了很多专业人士渴望得到支持和认可，碰了很多壁，这也更加坚定了我一定要在这条路走下去，我一直坚信天道酬勤，勤能补拙的道理。创业虽半年不到，但我不管从内心还是在外在都有了巨大的改变，人总是在逆境中成长，痛苦中突破。越努力越幸运。我有一支对创业非常有激情的团队，只是一直在缺乏机遇，缺乏一个好的项目让我们去成长和实战，一直在梦想的路上走着。终于有一天我通过QQ空间，看到一个叫做星云创客汇的大学生创业互助平台，它下面有一项创业项目路演活动。我抱着对未来的期望打通了平台小编的电话，那时候的我们刚接触创业不久，于是我怀抱着希望说“我和我的团队可以参加吗？可是我们没有创业实战经验”，小编发了四个路演项目给我看，我对液态红糖一见钟情，我一看到这个项目，就想到我一个朋友，她每个月都会有那么几天，在床上疼的死去活来，很心疼，于是我就想到红糖对女生的重要性，现代女大学生普通存在的健康问题。一开始，带着特殊的感情，很用心的去准备这次路演，希望能和企业家牵手，能给我，给我们团队一次锻炼的机会。就这样，液态红糖项目共有十支左右团队参与竞争，最终我们团队以第一名的成绩成功牵手，项目一拿下来就有创业导师跟进项目，包括对我们进行产品知识以及各方面技能的培训，让我们从一个创业小白，慢慢的有了目标、有了定位、有了前进的方向。在寒假的时候我们一直通过市场调研、客户反馈、策划和定位项目发展方向等来为新学期的活动开展。新学期来到了，我们一直在策划关于怎么样才能让女性感受到“我们要好好爱自己了”，我也是女生，往往忽视了自己的健康问题，而一直在追求外在美，但是当我遇到液态红糖的时候，给我的感觉就是我要好好爱我自己了，于是我在想通过什么方式才能让女性也开始重视对自己身体的调养呢？我们的团队的计划是用红糖作为载体去做一场公益活动。一开学，由我们团队主导发起一场叫作“关爱女性健康活动公益周”的活动，活动策划完毕后，我们用手里仅有的资源去联系其他高校的创业团队共同发起。合作院校将近十所。在“三·八妇女节”之前一周在南昌各高校同时发起这场公益周，掀起一场关爱女性的热潮，感谢我们的学校，为了回馈学校女老师的辛苦付出，学校也用行动关爱在校的各位女性教师，为每位女性老师准备了一套液态红糖作为节日的礼物，以比支持我们的创业工作的开展。在起跑线上给了我们无比大的动力，感谢我们的学院的老师们的大力支持，共同策划了在 3 月 8 日晚上的“关爱女性健康公益活动周暨呵护天使公益晚会”，并取了圆满成功。这是我们创业路上第一件大事，这是我们努力的成果。这是我们一直坚持的成果。我们团队以后的愿景就是让全南昌、全江西、全中国的女性喝上健康有益的红糖，拒绝赤砂糖！本着这样的初心不断地往前走，终于在 2017 年的 4 月注册了属于我们自己的贸易公司。为了让我个人得到更快更好的成长我选择了在课余时间参加了特训营，在这路上，不断地回头看自己、挑战自己、突破自己。明白了人最高的状态在于能够跳过自己去回看自己的一个过程。创业是痛苦的，过程很艰难，但是过后都是很美好的回忆，感谢自己一路坚持到现在从未放弃，在创业路上，面临太多的选择，让自己不得不痛苦下决定的时候，还得微笑的去面对，还没进入社会之前。就肩负着很多大人都没有的责任与压力，但是从没想过放弃。

我们的创业理念是想创业就必须要果敢，要有说干就干的魄力和百分百投入的努力，犹豫、抱怨，不去执行，想来想去、问来问去结果问题会越来越多，最后你会直接放弃，越迷茫越失望，越失望越渴望，越渴望越迷茫，陷入这样的恶性循环。越努力，越幸运。越幸运越努力。

（江西省高等院校毕业生就业指导服务中心供稿）

河　南

志坚者会当凌绝顶

——河南大学民生学院医学院李创业创业事迹

李创业，河南省睢县匡城乡洪庄村人，不到一岁患上小儿麻痹症，双腿无法站立和行走，只能靠手撑地蹲着一点点挪动；9 岁手术失败外出打工，被骗当了 7 年的“乞讨工具”，16 岁进学堂，从小学二年级开始读书，跳级考上大学。

2016 年 6 月参加专升本考试，被河南大学民生学院临床医学专业录取，开始本科阶段的学习生活，他在学校领导，老师和同学的关心和帮助下，成绩和综合能力也不断提高，立志早日成为社会有用的人。

在校园里，他的身影比任何人都要低矮，这是因为他只能手脚并用才能行走，在同学们眼中，他的身躯又需要仰望，这是因为他那自强不息的精神传递出满满的正能量。

为了医学梦，2014 年 11 月他在红十字会成功办理了遗体无偿捐献手续，以后作为小儿麻痹症标本和供医学研究使用，希望以后不要再有人得他这样的病，因为人生路走的太艰难、太痛苦。

2017 年，李创业被外校特聘为“校外德育辅导员”，以个人的经历，做免费讲座，帮助了无数名学生。

一、创业经历——跨境电子商务

在高中的时候，李创业接触到淘宝，他发现很多商品都可以从网上买，就有了卖商品的想法，高考后，他开启淘宝卖东西，发现自己无法跟其他商户竞争，商品进价是其他商户的售价。

当李创业进入大学校园后，为了给家里减轻压力以及能有多余的钱，可以让自己多做有意义的事，他下午放学，在广场或超市门口摆过地摊，卖一些小商品，忙碌一段后，发现带来的收益很小，还耽误学习时间。

大一下学期，李创业就做起了跨境电子商务，李创业觉得跨境电商很少有人做，因为语言交流障碍难住了很多卖家，而李创业有做国内电子商务的经验，他在放弃国内市场的同时，就考虑能不能把国内的商品卖到国外赚美金的想法，结果他做到了。

刚开始，他找到很多国家的跨境电商平台，经过自学、注册和投资，不断尝试先给外国客户发一些成本低，国际物流费便宜的商品，来积累经验和摸索渠道，前期丢了很多商品，外国客户收不到商品，还需要退还他们的钱，造成了一些损失使李创业心情很低落。

后来，他发现是国际物流的原因，有些国家的客户在一个月内能收到商品。但像非洲的一些国家，他们下单后，根本收不到货，以及能收到也是几个月以后了，这样不但压周转资金，还得承担一定的风险。

最困难的是物流问题，发货需要同时用国内和国际物流，有时候在国际航空公司的发展人员以各种理由弄丢你的商品，以及外国客户收到商品后不满意，要退钱，这样需要商谈，然后还得赔他们一部分钱，再把商品送给他们，因为他们收到商品后，是没有渠道退回国内的，然而就会造成巨大损失。但是办法总比困难多，经过一段时间的尝试，成功打通了一条安全的国际物流通道，这样就可以放心做外贸，对各国语言的交流，只需要在网络上的在线翻译就可以沟通。

李创业在大专的生活费和一些有意义的活动费用，都是他从他做跨境电商赚来的。

他在河南大学民生学院的创新创业大赛上又重新展示了他的项目规划：把个体做成公司，实现面对面与外国客户进行贸易，逐渐扩大规模做成集团；建立自己的品牌，自我制造、自我销售，保证产品质量，降低成本；继续用实际行动帮助更多的人，回报学校合社会，为祖国贡献自己的力量；招更多的残疾员工，增加残疾人就业。

二、挑战命运，志坚者会当凌绝顶

李创业为了登高梦想，挑战自我和感受“会当凌绝顶，一览众山小”的壮观，在 2016 年一个暑假爬了几万台阶，磨破 16 双手套，6 双鞋，12 条裤子，登顶泰山用了 5 天 3 夜，黄山用了 3 天，华山用了 4 天，北岳恒山和南岳衡山各用了 1 天，嵩山用了 3 天。他成为了全国唯一一个在两个月内，独自一人靠手和屁股登顶五岳和黄山的人。

2017 年他又登顶泰山、嵩山、少林寺和长城；完成了“不到长城非好汉”的心愿。

命运善妒，总吝啬赋予世人恒久的平静，总猝不及防地把人一下子塞进过山车，任你怎么恐惧挣扎也不肯停下来，非要把圆满的颠簸成支离破碎的，再命你耗尽半生去拼补。

李创业在最艰难和最危险的时刻从来没有一丝放弃，靠勇气、决心和内心深处的登高梦，登了一座又一座高峰，为自己上了一堂终生难忘的成长课。

三、赤心献爱心

从汶川地震时，他所在学校为灾区发动捐款，他兜里只有 8.5 元，跟同学又借 50 元，一共为灾区捐了 58.5 元，他每天在学校吃饭才花 5 角钱买两个馒头配老师送他的小辣椒一起吃，5 元汽油能让他往返学校和家之间一个星期，58.5 元对他来说已经很多了，他觉得能帮助到他人自己很快乐，从汶川地震一直到现在，他一直没停止做更多有意义的事。

大学期间，他首选帮助对象是盲人、聋哑和孤儿，肢体残疾、留守儿童、重病家庭等，他在每顿饭中省下钱和做捐献为他人捐出 5 万多件衣服。

2018 年 1 月 22 日，李创业回家前，在校剩下的一千元饭钱和打算过年回家给自己买衣服和年货的一千元，合计两千多元全部买了服装超市积压的羽绒服，拉回家在过年时送给贫困的残疾朋友和特殊家庭。李创业想让那些特殊的朋友过上一个温暖的新年。这个新年李创业连一双袜子都没给自己买。

过年前后，他利用寒假跑了两个县，十几个乡镇，捐了 100 多件羽绒服，帮助 50 多人，其中 40 多个残疾人。

李创业用自己的实际行动激励，感染和帮助他人，……看看他，我们有什么理由不努力，又有什么理由轻言放弃。

闪亮的日子——青春该有怎样的模样，李创业认为，作为新时代大学生，学习很重要，但是做自己想做的事，做自己喜欢做的事也很重要。人，一定要有远大的理想，积极进取的人生态度，年轻就得多吃苦，即使这辈子干不出轰轰烈烈的大事，也要努力实现自己的梦想和人生价值。

（河南省大中专学生就业服务中心供稿）

科技创新，只为缔造人生梦想

——河南科技大学魏斐创业事迹

在最美好的大学生活里，他为实现个人价值，努力向梦想奔跑，就像他的座右铭一样“每天叫醒我的不是闹钟，而是梦想”。

自大学开始，勤勉上进的他便开始致力于综合素质的全面提升。学习成绩连续六年位于班级第一，先后荣获全国创业英雄百强，第三届中国“互联网+”大学生创新创业大赛全国银奖，第四届“创青春”中国青年创新创业大赛全国铜奖，研究生国家奖学金，中国电信奖学金，河南省青少年科技创新奖，河南省最美大学生，河南省优秀研究生干部，河南省优秀毕业生，河南省三好学生，河南省文明学生，河南省社会实践先进个人等国家级、省市级、校级荣誉共计150余项。

因为不甘平庸，心系梦想，2012年9月他和朋友一起创建了黄淮KAB创业俱乐部，也正是那时埋下了他一颗创业的心。因为出色表现，2013年以综合第一的成绩代表学校参选第九届中国大学生年度人物评选。2015年开启研途青春，并迅速加入校研究生会，凭借优秀的表现和丰富的学生工作经验，在2016年10月任职河南科技大学校研究生会主席。记得在一次演讲中，有人问他“你的大学青春致在了哪里?”魏斐说“我的大学青春致在了这里，致给了梦想”。

“科学家”这个梦想也许要追溯到儿时，而那时也许只是一句童年的玩笑。在求学的路上，原本热爱创新的他在浓厚的双创文化下，很快进入了角色。2011 年的夏天，开始了他的科技创新之路。那一年，第十届河南省“挑战杯”创业计划竞赛开赛。他与团队研发的全自动智能鞋套机以校“挑战杯”创业竞赛一等奖的成绩参加河南省第十届“挑战杯”创业计划竞赛决赛，最终荣获省级金奖，更有幸被省团委推荐到河南电视台一档大学生创业的栏目“命运 60 秒”。这段奋斗的历程，后来也很荣幸的被《大学生》杂志记录下来。

初尝硕果的他，对科技创新有了更加浓厚的兴趣，并多次参加创新创业的学习。先后参加第五届中国创新创业大赛、2016 年中国小微企业创业创新峰会、中国直通硅谷创新创业大赛、河南省 KAB 创业峰会、第七届国际科技文化博览会、河南省研究生高峰论坛等活动。每一次的学习都让他受益匪浅，在他和团队的不懈努力下，先后研发了“新型便携式环保空调”“新型集成化驱动控制系统”“多元化智能柔性系统”等十多个科技项目。此外，他还申报了 8 项国家实用型专利，在国家核心期刊上发表论文 6 篇，并参与 2 项国家自然科学基金项目。

从小懂事孝顺的他，认为用自己双手创造价值去实现梦想，去回馈父母才是最幸福的事情。因此，他开始了一段艰辛但又幸福的创业历程。从 2011 年初入大学开始，在学校浓郁的创新创业氛围下，他积极参加了河南省第十届“挑战杯”创业计划竞赛，并带领团队荣获省级金奖，也开创了学校在创业竞赛方面的先河。

2013 年，他开始了自己的创业道路。善于观察社会热点、思考创新之路的他发现了斑马色手撕喷膜这一产品的独特之处，在经过长期调研后，2014

年，他在家乡注册了属于自己的公司。虽然创业初期不可避免地遇到许多棘手的问题，但在他的努力下，产品销量稳增，市场反馈良好。那年，该公司也受到河南省大学生创业孵化支持，这使他创业的信念更加坚定。

为了更高的理想，他选择了继续深造。他一边创业工作，一边读研深造，常常往返于学校与公司之间，往返于白天与黑夜之间，往返于青春与梦想之间。2015 年读研开始，他从未停止过对创业的追求。入学初期就参加了“洛阳市第三届创新创业大赛”，并一举夺魁获得了“洛阳市创新创业之星”的荣誉。随后又担任洛阳康健保公司 CEO，开始发展医疗电商平台，并在河南科技大学科技园占领一席之地，为其随后的发展积攒了创业经验、开拓了更广阔的市场。

在经过多年的打磨、历练之后，他在创新创业方面取得了突破性成就。2017 年 5 月，他作为“新能源汽车新型集成化驱动控制系统”的项目带头人，组建了一只专业性极强的创新型硕博创业团队，并积极备战第三届中国“互联网 +”大学生创新创业大赛。6 月，在团队成员的辛勤努力和专家导师悉心指导下，以河南省创意组第一名的成绩入选全国决赛。9 月，在西安电子科技大学开始正式决赛，伴随着学校的期盼、团队的努力，他不负众望夺得了第三届中国“互联网 +”大学生创新创业大赛全国银奖，这是他个人在创新创业领域的突破，也是河南科技大学历史性的突破，更是河南省在“互联网 +”大学生创新创业大赛上的突破。他的努力受到所有参赛人员的肯定，他的项目更是受到国评专家和各大投资方的高度认可。在创新成果展中，时任国务院副总理刘延东，教育部部长陈宝生特意到他的项目展板前，为他亲自点赞。

此次，“互联网 +”大学生创新创业的平台为他开拓新市场提供了不可多得的机会，他的项目受到了许多知名企业的青睐，此后与宇通新能源汽车、河北御捷车企、奇瑞新能源汽车等多家主流车企建立了合作意向关系。项目创新性和实用性都受到了市场的一致好评，他和团队所研发的新型集成化控制系统，目前已成功销售到河北御捷汽车、波导汽车等多家企业，其创造的经济价值在短短几个月内已突破百万。与此同时，他抓紧新的创业机遇，在洛阳市河南科技大学科技园里成立了河南丹洛电子科技有限公司，为他个人的创业之路又添上一抹绚丽的色彩。他励志的奋斗事迹也受到了政府和媒体的高度关注。11 月，他作为高校双创代表，与河南省省委常委，洛阳市市委书记李亚进行工作汇报，会上李亚书记给予高度认可，并夸赞魏斐，说道：“当代青年就应像他一样，不忘初心，砥砺前行”。

2017 年 12 月，他入选团中央学校部、全国学联秘书处主办的“2017 年大学生创业英雄”评选，经历 3 个月的努力，从复审环节 253 所高校 497 名大学生创业者中成功突围，最终在 2018 年 2 月荣获“2017 年大学生创业英雄百强”。与此同时，他荣获洛阳市第五届创业大赛最佳创意奖，并被洛阳电视台进行专访。此后，他受邀到河南科技大学，河南广播电视大学等多家高校分享创新创业经验，将个人的心路历程和双创的认知思考传递给更多的人。

“与困难为友，同荆棘作伴，以辛勤为乐，以进步为喜”，这早已成为他生活的常态，更是激励他不断前行的心灵导向。科技创新路上的艰辛，从未抹去他阳光的微笑。因为他享受奋斗路上的成长，前方越是荆棘，他越是勇往直前。道路也许漫长而曲折，但心中有梦，前方就必定有光。

（河南省大中专学生就业服务中心供稿）

学霸 CEO

——郑州大学张敬申创业事迹

张敬申，男，郑州市人，1991 年 5 月出生于河南省淮阳县，2014 级郑州大学环境科学专业硕士研究生，2014 届、2017 届河南省优秀应届毕业生。

作为郑州大学化学与分子工程学院 2017 届毕业生，他连续三年荣获学业一等奖学金，获得研究生国家奖学金，在水污染控制领域 Ecological Engineering，Applied Microbiology and Biotechnology，Environmental Earth Sciences，International Journal of Phytoremediation 等国际期刊上发表 SCI 论文 6 篇，申请专利 20 余项；在校期间荣获郑州大学创客之星，郑州大学百名优秀研究生，郑州大学优秀研究生干部，2017 届河南省优秀应届毕业生，郑州大学优秀应届毕业生等荣誉称号。然而除了“学霸”标签，他还有另外的身份，郑州源致和环保科技有限公司法人代表、联合创始人，河南高航环保科技有限公司 CEO。27 岁的他，公司合同额超过千万。

2014 年 6 月，中国第三届创新创业大赛如期开幕，他和团队共同研发的“复合生态废水处理技术”荣获大学生优秀项目奖。比赛获奖让他信心倍增，如何让这项技术市场化，获取更多的价值？张敬申和队友也在思索，在导师的指导和鼓励下，2014 年 9 月 3 日，郑州源致和环保科技有限公司注册成立，张敬申正式迈进创业道路。

2015 年，张敬申带队参加第四届中国创新创业大赛河南赛区竞赛，凭借“湿地公园生态水净化系统的构建与运营推广”项目拿下企业组优秀团队二等奖，同时，他和团队研发的“污泥生物脱水及其资源化利用技术”获得团队组二等奖，在郑大校长刘炯天院士的支持和建议下，同年 12 月，河南高航环保科技有限公司正式注册成立。

“源致和”主打水处理和土壤修复，高航环保致力污泥处理和再利用，适逢国家政策利好，环保产业发展黄金期，张敬申对公司发展充满希望。

从“学霸”华丽转身开公司，搞管理，事事亲力亲为，遭遇的困难可想而知，单就人员流失方面，就让张敬申颇为头疼。

"源致和"成立之初，公司规模小，业务量少，人员待遇跟不上，新员工刚培养上手，便离职了，"项目没人跟，公司留不住人，头两年确实很困难。"张敬申说。

"我们有技术，市场有需求，效益应当是非常可观的。"尽管张敬申对未来充满希望，可眼下的困境让他开始思索求变之道。他尝试给员工租房，鼓励员工考证，评职称，在职业发展上给员工清晰的规划，建立考核奖罚制。

这一招果然行，吸引了不少优秀且忠实人才，人员流失现状得到有效缓解。

从公司成立之初只有一个"设计部"，到能够掌控一个工程项目"总包"，张敬申和团队用了三年时间，打造了一个全新的产业链。

据张敬申讲述，公司成立时只有一个设计部门，合作项目时废水治理原材料全部都需采购，成本高了，利润少了，资金就紧张了，张敬申考虑，为什么不能我们内部搞研发，建立整体服务体系呢?

于是，在攻克一系列难关后，慢慢建立了咨询部，研发中心，工程部，"部门之间环环相扣，一个项目开工，不需要外界注入，所用材料和技术，我们内部就可以全部解决。"张敬申说，经过三年摸索，公司发展日渐规模，更加激励他为环保事业奋斗终身。

从公司三四个人到现在 30 个人，一路走来，张敬申经历过成功的喜悦，攻难克艰时的无畏，陷入困顿的沮丧，始终催促他奋勇前进的是要把"科研、创新、创业"当作此生目标，奋战在环保一线的赤诚情怀。

2016 年 3 月，公司与郑州大学产业技术创新研究院战略合作共同成立环境生态工程研究所，研发方向主要包括：（1）水污染控制与生态修复；（2）污泥生物沥浸及资源化利用；（3）畜禽养殖污染生态处理；（4）土壤污染修复等。如今郑州源致和环保科技有限公司已认定为国家高新技术企业、国家知识产权贯标企业，并荣获 2017 年度郑州市科技进步一等奖等荣誉；高航环保被认定为河南省科技型中小企业及河南省大学生创新创业示范项目。

张敬申也被受聘为新生代豫商会副会长，郑州大学大学生创业联合会高级顾问、河南省国家大学科技园企业家俱乐部副秘书长、河南省环保产业协会常务理事等。

郑州大学学习生活的三年，让张敬申拥有创业的契机和沃土，他感恩母校带给他的成长。

谈到自己的“小目标”，张敬申说，他的理想是做一名教授级高级工程师的中国优秀企业家，将公司做的更强大、更专业，同时成立专业化子公司，做成环保集团，最终 IPO 上市。他说自己是摸索中前进，非常希望能得到引路人的指导。他建议创客学弟学妹们积极参与各种创新创业比赛，不放过锻炼自己的机会。最后他分享了八个字送给正在创业或者准备创业的人——责任、务实、用心、坚持。

（河南省大中专学生就业服务中心供稿）

湖　南

从 0 到 1000 万，侗族青年谱写创业梦想之歌

——湖南农业大学东方科技学院毕业生朱洪广创业事迹

大学期间，他矢志创业，成立了工作室，带领团队创作了近 10 部微电影，获得了全国大学生艺术展演一等奖等众多荣誉……

大学毕业，他便牵头与人合作成立了文化传媒公司，主攻影视作品的导演、拍摄及制作，火速抢占长沙、上海及北京市场……

仅用 3 年，公司便承接了近 50 部企业宣传片、30 余部主题微电影，与 10 多个地方卫视建立了合作关系，并参与录制了《我是歌手》《天天向上》等多档火爆节目，2016 年营收超过 1000 万元。

故事的主人公，正是湖南农业大学东方科技学院 2014 届艺术设计专业毕业生朱洪广。从 0 到 1000 万，这位来自怀化农村的侗族小青年，用 7 年时间书写和诠释了一个“90 后”大学生从梦想到现实的蝶变过程。

一、学而立志，坚定创业梦想

“我虽然来自农村，但我从小酷爱摄影摄像，并且想当一名导演，开一个影视公司，拍一部像《泰坦尼克号》那样成功的电影！”和朱洪广一见面，他就说到。

“因此，大学填专业时，我毫不犹豫选择了艺术设计，我要带着自己的兴趣和梦想读好自己的大学！”朱洪广补充道。

于是，2010 年 9 月，18 岁的朱洪广带着舅舅送给他的相机走进了湖南农业大学东方科技学院，开启了他人生的新征程。

军训过后，朱洪广并全身心投入到了紧张有序地学习之中。兴趣是最好的导师，入学不久，朱洪广便很快掌握了许多摄影、摄像的技巧和图片加工、视

频处理等计算机技术。

而恰好在那时，微电影诞生并很快得到了快速发展，从《乐珊之恋》到《一个馒头引发的血案》《老男孩》再到《青春期》《荒野逃生》等在大学生流行开来，而这些作品进一步激发了他创作、实践的冲动。

“一节专业课上，熊阳俊老师为我们分析了微电影的起源与发展、影响与效益、挑战与未来，并十分肯定的告诉我们，今后十年，这个行业一定大有发展，让我一下子好像找到了自己奋斗方向，我要创业，要做出具有我的风格的微视作品！”朱洪广兴高采烈的讲到。

二、全面拓展，夯实创业根基

创业何其难，大学生创业，更是难上加难。对于这一点，朱洪广有着清醒的认识。

“整个大学期间，我一直没有闲着。我告诉自己，要想实现梦想，必须抓住大学的每一分每一秒！”

他是这么想的，也是这么做的。

为了提升业务技能，专业课上，他深入钻研每一个知识点，抓住每一次机会和老师探讨、交流；实习时间，他白天调试设备、实践拍摄，晚上学习专业软件、加工作品，计算机、数码机、摄影机成为了他最好的朋友。

为了增强管理能力，他竞聘上岗学院“弘美传媒设计协会”理事长，尝试独自带队的艰辛；他牵头成立“缘幕影视”工作室，入驻学校创业孵化基地，不断往自己身上压担子。

为了赚到创业本金，他寒暑假几乎不休息，大一、大二时坚持到电视台做兼职；大三、大四时和团队一起出租毕业服、拍摄毕业照，承接婚庆业务、企业宣传片业务。

付出终有回报，毕业时，他与他的团队有了不小收获，创作的微电影《勇者无畏》获得了7项省级、国家级大奖，个人被评为了湖南省首届大学生微电影节最佳导演；《价值，而不是价格》荣获中国大学生DV文化艺术节最佳剪辑奖；《不如，爱吧》腾讯浏览器广告大赛最佳编剧奖。

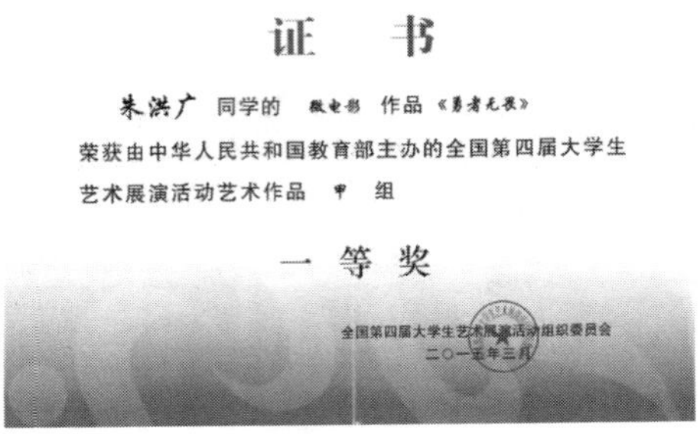
证 书

朱洪广 同学的 微电影 作品《勇者无畏》

荣获由中华人民共和国教育部主办的全国第四届大学生

艺术展演活动艺术作品 甲 组

一 等 奖

全国第四届大学生艺术展演活动组织委员会

二〇一五年三月

三、乘势而为，创出一片天地

2014年9月，李克强总理在达沃斯论坛上公开发出“大众创业、万众创新”的号召，而此时的朱洪广，刚刚毕业3个月，正在为创办自己的公司而四处奔波。

“必须乘势而为，为梦想去战斗！”朱洪广意识到，吹动自己梦想之帆的“东风”来了！

“此时不干，更待何时？”很快，他找到了业界老朋友陈宇等合作伙伴，注册成立了“湖南快乐光影文化传媒有限公司”，布局电影、电视剧、纪录片、广告片及微电影的创作、拍摄与加工，正式开启了他的创业时代。

2015年，在他的带领下，公司为中联重科、国家电网等企事业策划、拍摄、制作了多个年终总结宣传片，为郴州市政府、招商银行、广汽菲亚特等单位制作了宣传广告片，为长沙团市委拍摄了微电影《一个人的学校》并取得了轰动，公司营业收入突破500万元。

2016年，凭借实力和影响，公司业务又不断拓宽，先后承接了湖南卫视《天天向上》的VCR调色、《我是歌手》拍摄及纪录片制作、芒果TV广告版制作及北京卫视《歌手是谁》LED特效等电视业务，并参与了《时间监狱》等多部院线电影的拍摄，还为中建五局、利源隆茶叶等企业创作了宣传动画，公司营业收入环比成倍增长。

“2017年，公司营收超1500万应该不难！”谈到未来时，朱洪广自信地说到。

四、筑梦东方，双创永在途中

“我今天的小小成功，有国家政策的支持，有自己的不懈奋斗，但我最感谢的，还是当年在学校接受的教育和给予我启迪和帮助的老师！”回首自己的创业之路，朱洪广感慨到。

“他们的成功，便是我们最大的骄傲！”该院院长朱翠英教授说到，“近年来，学院高度重视大学生创新创业工作，形成了党政齐抓、部门联动、全员参与的长效机制，引导学生乐于双创、善于双创、成于双创，很高兴看到成效初显！”。

据统计，2014 年至今，该院共举办了学术讲座、校友论坛、创业沙龙、名企行等双创活动 137 场次，大力培育学生双创意识；发动学生立项院校省级创新项目 173 项，指导学生开发创业项目 124 项，积极引领学生参与双创实践；组织 242 个学生项目参加省级及以上创新创业比赛，获得了 185 项奖励，并涌现除了 210 多名同学（含毕业生）成功创业先锋，而朱洪广便是这其中的典型代表。

该院主管大学生双创工作的刘湘辉副院长表示，当前学院正在积极推进与北京启明星工程的合作，加快建设升级版大学生双创孵化基地——“星创吧”。“星创吧”建成后，将全面构建起院“1 院（虚拟创业学院）+1 室（双创教研室）+1 吧（星创吧）+1 班（CMA 创新班）”的特色工作格局，有效提升学院的教育帮扶质量，为双创时代大学生的成长成才打牢基础。

有理由相信，更多创新创业的种子，将在东方这片沃土上开花、结硕果……

（湖南省大中专学校学生信息咨询与就业指导中心供稿）

（本文作者：湖南农业大学东方科技学院黄正军）

从马克思主义学院走出来的新媒体创业者

——长沙理工大学袁勇兵创业事迹

袁勇兵，2014 年 6 月毕业于长沙理工大学马克思主义学院，2014 年 7 月创立长沙小百文化传播有限公司，主要从事新媒体微信公众号创业。2015 年 10 月以“小百文化新媒体矩阵”参加中国首届“互联网 +”大学生创新创业大赛全国总决赛银奖。

创业于袁勇兵而言，是偶尔也是必然，从未创业到创业，这期中蕴含了兴趣和坚持，有思考和实践探索。

袁勇兵，2011 年考入长沙理工大学马克思主义学院科学社会主义与国际共产主义运动专业，攻读硕士学位。读研期间，组织辩论队参加了 2011 年长沙理工大学首届研究生辩论赛并获得冠军。2012 年，还是研究生二年级的袁勇兵，主持了湖南省研究生创新项目——湖南大学生村官现状调查及发展研究，并在 2012 年 7 月至 9 月，前往长沙、永州、郴州进行了为期 45 天的乡村调查，住 30 元的乡镇旅社，挨村挨户走访调查，并以此发表了 2 篇学术论文，也因于 2012 年获得了硕士研究生国家奖学金。

2013 年年初，在看到微信公众号出现的时候，这点燃了袁勇兵对新媒体的兴趣。当朋友圈一次一次的图文内容被分享，他看到了新媒体微信公众号的强大传播力，于是开始琢磨用公众号传播校园文化，以此来影响引导大学生。2013 年 6 月，他创建了长沙理工百事通（微信公众号），经过 4 个月就吸引了近1万校园用户关注。而在这时，受长沙理工大学推荐，共青团湖南省委委派袁勇兵挂职湘潭共青团，支持地方工作。挂职期间，袁勇兵在湘潭团市委青工青农部工作，当年，该部门主要服务青年创业，这个工作让袁勇兵看到并了解到大量的创业者创业项目，在服务创业者的同时，他也让自己得到了成长，当挂职工作快结束的时候，袁勇兵萌生了创业想法。

2014年6月，袁勇兵研究生毕业，由于公众号运营有很大的起色，也初步确定了创业方向，于是向学校申请了创业园的一间办公室。母校长沙理工大学免费提供场地和水电，虽然办公室内容空空如也，但是在袁勇兵看来已经很满足了，花320元从网上买来二手的办公卡座，花260元从毕业同学那里买了一台台式电脑，开通了网络，用读研期间的家当打了个地铺，就开始创业了。

迅速准备好了材料，2014年7月22日，袁勇兵成功注册成立了长沙小百文化传播有限公司。创业资金，就是当时读研期间获得2万元国家奖学金。没有更多的钱，自己能处理的尽量自己做，不会的就学，在不断半年时间，袁勇兵找到了湖南师范大学和湘潭大学的在校学生，分别创建了湖南师大百事通和湘潭大学百事通，把长沙理工百事通的运营模式引入到这两所学校，迅速成为了这两所学校里最有影响力的校园自媒体平台。

在单个校园自媒体运营获得成功时，袁勇兵分析发现这个商业模式存在一系列问题，单个校园自媒体的盈利能力很弱，需要大量的人力成本，用户无法做到持续倍增，而每年都会有毕业流失，商业价值就比较低。2015年3月，他做了一个大胆的尝试，放手放权单个校园的运营团队独立运营，以社团的形式组建，以公司的形式运营校园公众号，既保留了情怀，又可持续发展。而小百文化将大部分精力用于区域校园公众号的运营，于是先后创建了长沙校园、北京校园、西安校园、天津校园等一系列区域校园公众号。经过半年的时间的活动运营，长沙校园公众号迅速增长到 10 万用户，实现了盈利。

2015 年 6 月至 10 月，袁勇兵和他的校园新媒体创业团队，以“小百文化新媒体矩阵”为创业项目，先后获得了长沙理工大学首届“互联网 +”大学生创新创业大赛一等奖、湖南省“互联网 +”大学生创新创业大赛二等奖、首届中国“互联网 +”大学生创新创业大赛银奖。袁勇兵说，创业不是比赛，创业是探索与实践，创业比赛中取得成绩，只是证明过去做过什么，或想做什么。真的的胜利，是在创业者在市场中，不断创新模式，满足或开拓新的社会需求，公司得以快速壮大求得生存与发展。在袁勇兵看来，创业比赛的真正意义，是用比赛的方式逼迫自己和团队，去反思我们创新创业实践中存在的问题，以便针对问题去优化调整。

在经历过创业大赛后，袁勇兵并没有因此而激动兴奋，而是想着如果实现新媒体创业的新突破。又经过 5 个月的思考探索实践，在 2016 年 3 月，袁勇兵依托微信公众号，找到了一个新的突破方向——用新媒体的思维，结合传统招聘业务，做新媒体招聘微信公众号。在整个 2016 年，小百文化先后布局了全国北京招聘汇、上海招聘汇、长沙招聘汇等 16 个城市招聘公众平台，并快速占领了市场。

目前袁勇兵带领下的小百文化创业团队，有近 40 位全（兼）职员工，在长沙理工大学和湖南省就业指导中心所属的大学生创业孵化基地分别有 2 个新媒体工作室，运营 32 个微信公众号，业务覆盖全国 16 个城市，实现了稳定业务收入。对于创业，袁勇兵和他的创业团队充满信心，创业一直在路上，享受创业的状态，让自己的生命多彩而丰富。

（湖南省大中专学校学生信息咨询与就业指导中心供稿）

“地瓜博士”致力做可以吃的艺术品

——湖南科技学院戴长林创业事迹

戴长林，男，1996年9月生于湖南省长沙市浏阳市普通农民家庭。现为化学与生物工程学院制药工程专业的大三学生。

大学时间过得很快，跟很多同学一样，戴长林一开始并不懂创业更没有想象过自己也可以实现创业，直至有次从家里带来了红薯片给室友，得到室友对红薯片的赞美，室友半开玩笑说卖红薯片说不定是个不错的idea，这么不经意的一句话却让戴长林第一次有想到创业。之后上了《创业基础》课程不仅激发了他的对创业兴趣，同时开阔了创业思维。在学习到更多的创业知识后，戴长林发出了“创业之路任重而道远”的感叹。作为一个来自普通农村家庭的孩子，他犹豫了、迷茫了，在心中打起了退堂鼓，怀疑自己是否真的有能力握住梦想。每一个有梦想的人都应该被认真对待，得知自己指导老师王宗成老师在红薯产品的开发与推广有研究，并给与他最大支持和鼓励，亲自对戴长林的创业项目进行指导，并嘱咐他：“只有自己努力才能让青春不后悔。

创业前期，戴长林重视市场考察调研，在平时课余生活，戴长林积极参加校园各项活动，扩大人际交流圈，锻炼口才交际能力，积极宣传其创业理念。“路漫漫其修远兮，吾将上下而求索”，戴长林会寻求老师与他们交流经验并向创业者“取经”。除此之外，戴长林还会利用网络补充知识，在网上进一步学习了策划写作、团队管理、优化资源配置等一系列就业创业课程，在他的努力下，吸引了一群有梦青年加入其创业队伍。作为一个初创业者，戴长林缺乏经验，却从未放弃。

戴长林是一个有想法而且敢于实践的人，即使前方困难重重，他仍旧会奋力拼搏，他相信有梦的人生注定精彩，“有付出才会有收获。”谈及戴长林，他的好友宋高银说。

历经千辛万苦，终于在2015年9月戴长林创立了长沙至诚生物科技有限公司，长沙至诚生物科技有限公司是一家生产红薯休闲食品的现代企业，设立在长沙，主营业务包括：产品的销售、原材料红薯的种植和收购，以科技配方和科技成型加工为技术核心，把低值红薯开发成较高经济附加值的绿色健康休闲食品。

师生共创，指导老师王宗成申请了非油炸超薄红薯片及其制作方法和补钙保健型非油炸超薄红薯片这两项发明专利。采取公司＋基地＋院校＋农户的经营模式，带动了农村就业，解决了农民卖薯难的后顾之忧，增加了农民收入，符合“一带一路”指导方针，也保证了“地瓜博士”一系列红薯产品从来源上得到可靠的质量保证。采取科技配方和科技成型技术制成一系列的红薯片，借助“互联网＋”平台进行线上线下一体化营销。他们在基地种植优质红薯或从农户手中收取优质红薯，保证原材料的质量，不经油炸，利用科技配方技术和科技成型技术加工制成各种系列超薄红薯片。地方特色红薯片系列：将当地特色农产品添加到我们的红薯片中，如芝麻红薯片、香芋红薯片等。功能性红薯片系列：富营养元素的红薯片，如含钙红薯片，富膳食纤维红薯片，富维生素红薯片，富硒红薯片等。辅助康复型红薯片系列：针对特定人群的红薯片，如糖尿病患者——无糖红薯片，美容养颜者——蜂蜜红薯片等

去年一年红薯1.0产品线上销售额仅25万元，线下销售15万元，代理商销售20万元。今年“互联网＋”大学生创新创业大赛戴长林将红薯片致力做可以吃的艺术品，把具有地方文化特色与红薯片相融合，把红薯片做成具有永州文化代表的艺术品，比如把红薯片做成用永州柳子庙、零陵古城的样子或者镂空雕刻成女书的样子，然后真空包装，放入礼盒，在全国各大旅游地点销售，让红薯变为一个可以吃的艺术品。让零陵古城文化得到传承、保留和发扬

光大。让红薯也有春天。

在这个充满竞争的时代，戴长林用他的永不言弃、永不停止的信念向我们诠释了“长风破浪会有时，直挂云帆济沧海”。

（湖南省大中专学校学生信息咨询与就业指导中心供稿）

广 东

荔枝微课：幸福于他人幸福的创业者

——华南理工大学黄冠、陈劢创业事迹

一位来自黑龙江种植木耳的农户成为了一名“教师”，而且月入过万，他究竟是怎么做到的呢？原来是借助荔枝微课这一平台，通过在平台售卖木耳种植的课程，凭借知识创造了财富。

荔枝微课，一个华南理工大学毕业生的创业项目，2016 年 6 月产品正式上线，9 个月内就获得近亿元融资。目前，这一在线教育学习平台已拥有超过 1000 万的用户，注册讲师 100 万人，孵化出月入 10 万元的老师 100 多位。

一、在华园积累创业经验

荔枝微课最初的 19 人创业团队中有一半左右毕业于华南理工大学，项目合伙人、荔枝微课项目 CEO 黄冠和 CMO 陈劢皆毕业于华南理工大学计算机科学与工程学院。早在学生时代，他们就已经开始创业，积累了丰富的创业经验。

陈劢的创业起步比较早，早在大一的时候，陈劢就开了自己的第一家淘宝店，从一开始一周只有五六个订单到一周几百份的订单，从销售别人的产品到定制生产再到拥有自己的工厂，陈劢的生意逐渐做大，也吸引了众多师弟师妹加入这个创业团队。“那时候大学城的快递还不发达，而圆通的唯一一个学校驻点就设在华南理工大学，这还有我的贡献呢！”陈劢笑着说道。

2012 年，陈劢转让了自己的工厂和淘宝店，开始转战移动互联网领域，主要围绕微信流量圈做微信流量，她敏锐地发现有很多企业选择在微信群里面授课，给员工培训。体验并观察着这种微信群的培训方式，陈劢发现了问题所在，“一是人数受限，二是内容无法积淀和传播。这就意味着这一市场潜力还很大。”如何打造一个平台，使其能最便捷地实现在线教育培训，且能实现分享、评论、打赏等功能的想法在陈劢脑海中一直盘旋，而黄冠是陈劢首先想到的合伙人。

“学校的创业氛围浓厚，特别是在我们计算机学院，选择创业的学生非常

多，经常也会有关于创业的讲座和课程，对于创业，学校也有非常多的创业扶持政策。”同是毕业于华南理工大学的黄冠，也是创业的活跃分子。在大学期间，黄冠就创办了电影 FM 网站，后又联合创办了一家互联网公司，公司规模最多达到 200 人；毕业之后，黄冠携创业团队一同创办了广州森季软件有限公司。

由于同在移动互联网领域，再加上同是华工人的身份，两人之前就已经有过多次合作，彼此之间配合也比较默契，关于创办在线教育学习平台的想法很快立项，两人决定带领各自的团队一起来做好荔枝微课。

二、创业也需要坚守和责任

在荔枝微课的项目分工中，黄冠的团队负责产品研发，陈劢的团队负责产品运营策划，一开始由于资金和办公场地的限制，黄冠的团队在广州大学城办公，而陈劢的团队在深圳办公，由于不能面对面及时沟通，产品能够顺利上线他们也是克服了诸多困难。

“一开始肯定会遇到很多困难，能坚持下去是最重要的。我们都不是第一次创业，早在华南理工读书期间这些我们就已经知道了，那时候学业和公司两头都要兼顾，确实挺辛苦的，不过也都走下来了”，黄冠说。

“荔枝微课的最终定位是终身学习的在线教育平台，荔枝微课不仅仅是做纯知识的内容传播，也具有社会性功能。”黄冠介绍，他们渴望能利用互联网消除知识与人之间的鸿沟——教学双方只需通过手机，就能随时随地实现教学互动，最便捷地让用户获取和分享知识。

在今年的第三届互联网 + 大学生创新创业大赛广东赛区比赛中，荔枝微课 CEO 黄冠提到了两个案例，除了开头的黑龙江农民开设木耳种植的课程外，还有一个案例：荔枝微课的用户中，一位从事幼师工作的年轻妈妈，为安心照顾孩子而辞掉了工作。在接触荔枝微课平台后，这位年轻妈妈想将平时给孩子读英文绘本的语音录制下来，分享给别的年轻父母。令她意外的是，每次的分享点击率都很高。受此鼓舞，她将亲子育儿英文绘本打造成系列课程，高质量的内容颇受年轻父母喜爱，她也有了每月十万元的固定收入。这些案例都说明荔枝微课已经发挥它的社会性功能。

陈劢表示，“创业除了能带来物质上的满足外，最重要的还是精神上的满足感和成就感；既然做教育行业就需要有责任感，华园的老师深深影响了我，现在虽然自己不能做教师，但是也希望通过教育去影响人。”荔枝微课成立仅仅一年多，在自身发展的同时，已经开始关注公益项目，相继为地震受灾的心理辅导课程、为单亲妈妈抚养教育孩子的课程、对离婚家庭孩子教育课程等进行公益推广，这既是企业的义不容辞的一种责任，也是华工人身上社会责任感的体现。

日前，华南理工大学入选大众创业万众创新示范基地，是全国仅有的19所高校之一。在大学生的创新创业教育中，华南理工大学搭建平台，筑巢孵卵，建立创新创业基地、创业岛、学生创业体验馆、创业教育学院，鼓励和支持广大青年学子在创新创业的新征程中敢于有梦、勇于追梦、勤于圆梦，让学子们沐浴在“大众创业，万众创新”的春风中，在华园里放飞自己的梦想。荔枝微课只是华南理工大学学生创业的一个缩影，未来还会有更多的想法在这里变成现实，更多的行业精英在这里诞生。

（广东省高等学校毕业生就业指导中心供稿）

广　西

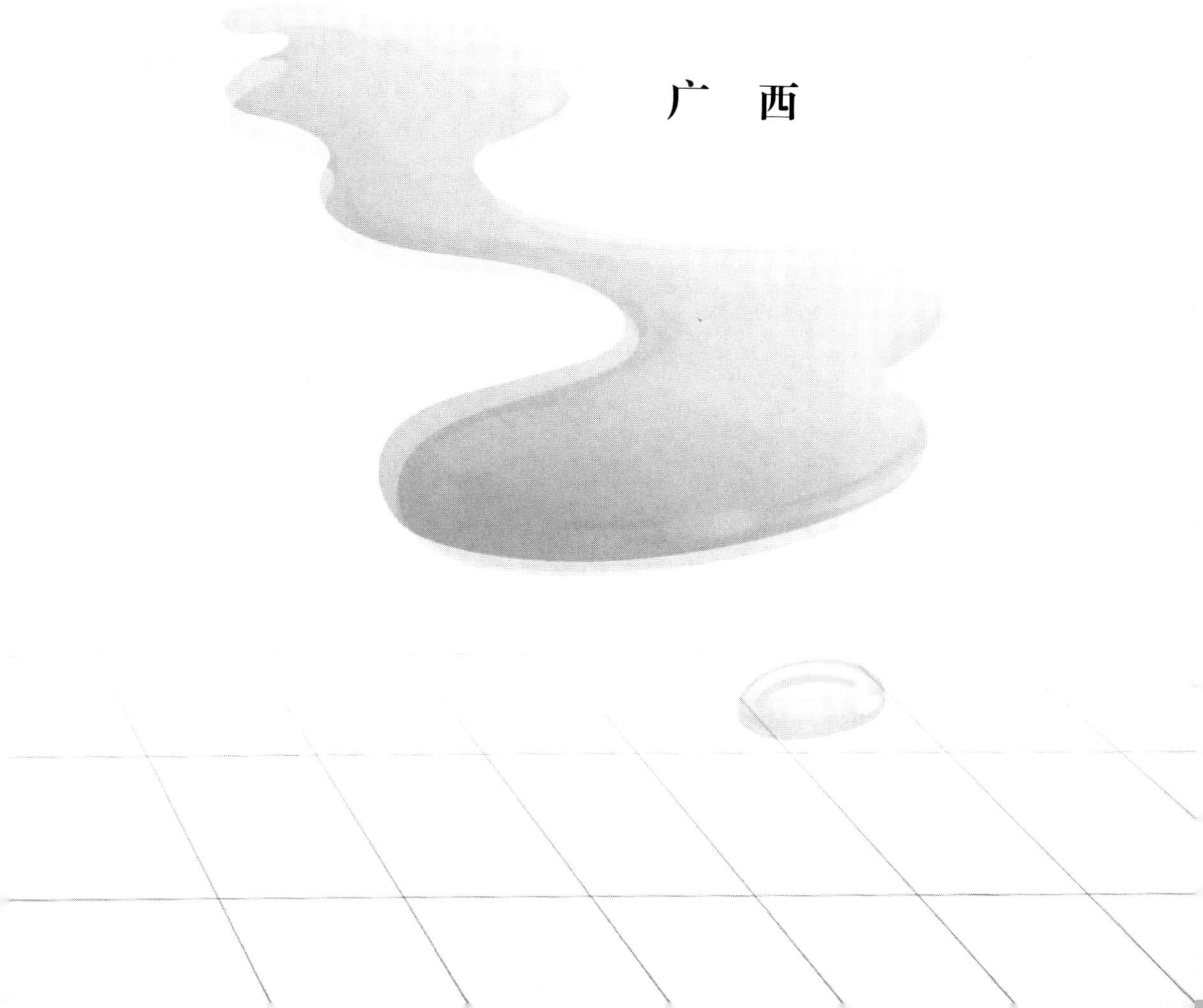

不忘初心，打赢扶贫攻坚战

——广西职业技术学院胡正粮创业事迹

一、从“城市白领”到农村创业青年的脱变

我是胡正粮，毕业于广西职业技术学院，是2013级经济信息管理的学生，现在是“浦北县五皇山茶业专业合作社”的负责人。

大学实习期我也像大多数毕业生一样留在了南宁这座城市，很快就进入了公司担任行政助理一职，从此踏上了社会的大门。正如我所想，我成功从一名学生转型成了公司的小白领，工作慢慢的步上正轨，生活也逐渐的平淡了起来，跟很多上班族一样过上了自己的小日子，无一例外。然而我心里却总有一颗不甘平凡的心，就在2015年年底，我也随着大城市的白领们一样享受着小年假，也就是在这一小年假期间改变了我以后人生道路的方向。

这个假期我回到了我的老家，一个风景亮丽、环境优美、资源丰富、国家认定的AAAA级森林地质公园（浦北县五皇山），同时，我的家乡在2017年被授予了“世界长寿之乡”。可是，就在这么优质的条件下，我们老百姓还是一个接一个的出外打工，留下的只有妇女、老人、小孩，家里的田地、山地全都荒废了，妇女、老人们也只能每天三五结群的坐着聊天，每天就靠外地打工的一两份工资养活，生活过得紧巴巴的！当时我心里就有了一个念头，身为家

乡的一分子，是时候应该回报家乡点什么了。一天早上，妇女老人们还是坐在我们家门口的树下闲聊，我也是抱着凑热闹的心态过去闲听。只见一抱着小孩的女人哭诉着说“以后的日子怎么办？孩子的爸就这么没了双腿，该怎么活啊?”原来是前几天外面工作的丈夫因为急着赶工拿钱回家陪她们过年从三楼摔了下来。

听到这里让我不禁的心酸了一阵，也就更加坚定了我之前的信念，毅然的辞去的我在南宁的工作，留在了家乡，在原先不成规模茶叶厂房基础上办起了浦北县五皇山茶业专业合作社，注册了“绿源五皇山”牌茶叶商标，采取了“农户 + 合作社 + 茶厂”的经营模式！重新利用起了所有荒废掉土地、山地，开垦种植茶树林。

二、我也要为扶贫攻坚战做点事儿

十九大提出“实施乡村振兴战略”，扶贫攻坚战进入决胜环节，我也要带领我的合作社为打赢扶贫攻坚战做点事儿，带领村民脱贫致富。

经过有关领导和合作社员的不懈努力，现如今浦北县五皇山茶业专业合作社在我的带领下已吸纳了 128 名成员和一批优秀的领导班子，拥有 800 多平方米的加工厂房，200 多平方米的办公、会议培训室场地；拥有野生老茶树林 300 多亩，标准型茶树林 400 多亩，新引进品种茶树林 200 多亩；拥有一批先进新型的茶叶制作机械，年产 250 吨。还取得了四个奖项或项目支持；合作社连续几年荣获“先进种植大户”“先进农民专业合作社”“广西‘守合同重信用’公示企业”“广西特色食品安全保障技术标准化建设单位”（广西区仅有 5 家企业获得挂牌）。同时，帮扶了 50 户贫困户，每年每户捐出扶持资金 4000 元，每年总捐出扶贫资金 200000 元。

三、乡亲们的笑容在我心里酿成了蜜糖

我合作社正式成立以来，不仅给没有工作的留守妇女、老人创建了工作带来收入，还引导他们种植、扩种茶林。当地的贫困户也被吸纳入我合作社工作，有了稳定的工作，固定的收入。之前丈夫摔断腿的女人现在就每天帮着合作社采茶、工作和把自家荒废的山地种植了茶树林，日子过得不但不紧巴反而富裕，真正走上了脱贫致富之路，他们的脸上的露出幸福的笑容。看到更多的乡亲们加入五皇山茶业专业合作社，看到他们因为合作社而富了起来，摘掉了贫穷的帽子，看到乡亲们喜悦的话语，我的心里就像一罐蜜糖，很甜，很香！

浦北县五皇山茶业专业合作社发展至如今已是一个上百户人家的大家庭，我的担子也就越来越重，但是每当看到社员们脸上洋溢的笑容，我就知道这场脱贫攻坚战争一定要打赢，合作社将紧跟党的领导，站高一点，看远一些，想深一步，脚踏实地的去发展，为全面建设小康社会贡献自己一分微博的力量。

（广西壮族自治区高等学校毕业生就业指导中心供稿）

我的“痞子”学长

——北海艺术设计学院张梦竹创业事迹

王羲之《兰亭集序》有词：“此地有崇山峻岭，茂林修竹。”每每念到这句，让人不由自主地想起梦竹兄来。

梦竹兄，何许人也？

张梦竹，系北海艺术设计学院2010届雕塑专业毕业生，毕业后走上自主创业道路，本着整理先人制作陶器工具、走访周遭在世传统手工艺人、考察境内陶瓷烧制遗址、申报非遗保护项目的信念，创立了“知尚陶瓷艺术工作室”，后注册品牌商标，2017年将工作室更名为“知尚陶瓷艺术公司”。

张梦竹现为北海市艺术设计协会会员、河南省美术家协会会员、河南省陶瓷艺术委员会委员、中国工艺美术协会会员、信阳市非物质文化遗产代表性传承人、河南省爱心陶瓷艺术家、河南省陶瓷设计艺术大师。

之所以称其为“痞子”学长，是因为梦竹兄自幼与泥巴为伴，始终认为，“泥中自有黄金屋，泥中自有颜如玉”。又因其在校期间有吟诗作画，睥睨天下、笑傲校园的作风，从“艺”生涯才行高远、不羁，终日以“泥腿子”身份奔忙，在地方传统技艺得以传承的路上，自叹：烂泥可上墙矣。既有江湖人的“痞”气，又有江湖人的道义。

2017 年 9 月，信阳电视台《百花苑》栏目采访了张梦竹创业事迹。

在与张梦竹分享创业心得时，谈及大学几年的收获，他表示，大学那些年他收获的可能就是“自我”。大学以前，他认为学校像是一个很大的生产车间，老师是制造商，而学生就是流水线上的产品，他当时性格很犟，认为这是一种比较变态的束缚，当然不会轻易就按照他们的思路去改变，最后毫无疑问地，他被抛弃了。到了大学后，大学完全就是一个新的世界，在这里学生和老师是一个平等的关系，老师不会摆出咄咄逼人的姿态，而学生也不会在老师面前怯懦有加。老师和同学不会依照学习成绩去评判你，想学什么老师都会毫无保留地教，想做一些以前想做但做不了的事情，也都会有人跟你一起尝试去做。在大学里他学会了全方位的审视自己，认识到以前单纯的从一个点或者一个面去分析自己的行为是很不客观的。大学跟老师的沟通还有与同学朋友的共同学习，对于完整人格的塑造、新的人生观价值观的形成都有很大的帮助，这些意义在他毕业进入社会后才真正的显现出来。

在职业生涯里，张梦竹也迷茫过。他说，每一个大学毕业生基本上都会有一段时间是处于迷茫期的。

毕业刚工作，当时他自己还没有从大学的状态里走出来，想着在学校拿了许多荣誉，做学生干部工作能力自认为也还不错，工作到最后混的风生水起那不是轻轻松松的事情？最后事实告诉他，他的想法大错特错。刚开始受到挫折时候，他还把问题的原因归于别人身上，觉得是领导不懂得珍惜人才，觉得自己努力做的事情还没有那些看起来无所事事的人得到的认可多，是因为领导的眼睛被蒙蔽了。在职业生涯中，就他个人而言，最难坚持的可能就是“初心”

了。在那段失落的日子里，有时候甚至会想自己选择的专业或者职业是不是从最开始就是错误的，是不是自己压根就不适合做这个。当一次两次三次……之后，自己头破血流了，才意识到问题的原因是在自己身上。最后慢慢学会低头，一点点地修正自己，逐步让自己的工作能力扎实起来。这时再回头看，就发现自己当初是有多么幼稚可笑。

至于有人说张梦竹的优势是传承祖业，那么，他的作品会不会受到这样的“头衔”和“光环”的影响？张梦竹是这样回答的：

“如果说我的祖上就是非物质文化遗产传承人，而我顺理成章的接替了头衔，这才能算是因传承祖业得到了优势。在我的家族里，除了我父亲大学专业是陶艺，爷爷、姥爷以及其他亲人都是普普通通的制陶工人，要是真要说找优势的话，那么我的优势就是生活在这个家庭里，比别人更容易接触到这些。

至于‘头衔’和‘光环’会不会影响作品，这个应该也不会。在当下社会，工艺品经过了一段大起大落的市场冲击后，现在消费者也冷静了许多，不会盲目跟风，也不会根据一个人的‘头衔’去评价作品的好坏贵贱。”

张梦竹这些年创作的作品，风格种类多元化，在 2007 年年初入大学的时候他就有一个想法：不管在 2017 年他在什么地方做着什么，他都要回母校做一场个展，他想通过作品向母校还有老师汇报一下这十年都做了些什么，从入校到现在，他又是怎样从青涩走向成熟的。

事实上他做到了。2017 年 12 月 24 日，他精心挑选自己的 32 件作品（其中电烧 8 件、柴烧 6 件、煤烧 5 件、气烧 3 件）回到母校北海艺术设计学院举办了一场主题为“一梦十年”的陶瓷作品成果展。每一件作品都是精心创作经典之作。经过十年不懈努力，对梦想追求的不舍不弃，如今“一梦十年”终于实现，为自己的梦想画上了完美的句号。

张梦竹秉着传承的信念，在做好自己事业的同时，不忘给予学弟学妹的关心和厚望：

请你学会生活——也许你所在的专业并不是你最喜爱的，但是这并不影响其他方面的探索。课程之外的生活同样是很重要，当你积极乐观的把自己的生活打理好，以后你会比很多人都更轻松获得快乐，更容易发现幸福。

请你相信自己——也许你的某一些方面跟别人相比要差一些，但是这个庞大的世界只有一个独特的你。当你在羡慕走在你前方的人的同时，你身后的人也同样在羡慕你。

请你懂得尊重——也许你觉得这两个字太过抽象，但是这并不影响你具象的的去做。与人接触遇到事情的时候换个角度思考问题，倾听加上一些微笑，也许你就多了一个朋友。要懂得爱惜自己，在心里给自己留下一个不能逾越的原则。只有尊重自己的人，才有资格接受别人的尊重。

请你明白珍惜——也许你正值青春，想着有很多事情可以明天再做，失去的东西还会重新遇到，但是时间的流逝远比你想象中要快得多。人的一生其实很短，不要等回头的时候才发现满是遗憾，不要等没有精力的时候才发现有很多事情当时其实可以做得很好。

请你知道感恩——也许你只记得给予你帮助、鼓励的人，因为他们在你困难无助时向你伸出了援手给你送去了温暖，但是你也要感谢制造困难甚至是伤害过你的人，因为正是因为他们，才让你快速成长、让你更加坚强、让你懂得善恶苦甜。

请你笑看成败——也许你会说这样境界很难达到，但是人生的五彩斑斓就是建立在起起伏伏的基础之上，成功的背面隐藏着失败，失败的泥土里也孕育着成功。路还很长，成功了要继续努力，失败了也不要气馁，也许每一次你行进路途上的风雨，都是上天赐予你跑的更快的动力。

张梦竹参展及获奖经历：

2008 年

《风景组画》（油画）——广西文化厅“庆祝广西壮族自治区成立五十周年美术作品展”，二等奖。

2009 年

《船》（油画）——北海市“银海风，银滩情”书画展。

2011 年

《蓝梦》《知秋》（陶艺）——江苏省工艺美术“艺博杯”第二届陶艺创新作品展，《知秋》优秀奖。

2014 年

1. 《秋荷》（油画）——河南省第十九届美术新人新作展。
2. 《君子炉》（陶艺）——首届河南省陶瓷设计艺术大赛，金奖。

2015 年

1.《晨烟》《清芳》（油画）——第四届北海市艺术设计协会绘画年展。

2.《又见炊烟》（油画）——河南省第二十届美术新人新作展。

3. 第二届河南省陶瓷设计艺术大师考核，获“河南省陶瓷设计艺术大师”荣誉称号。

2016 年

1.《晨雪》（油画）——第五届北海市艺术设计协会绘画年展。

2. 河南省陶瓷艺术家爱心捐赠义卖活动，获“河南省爱心陶瓷艺术家”荣誉称号。

3.《长亭晚》（雕塑）——河南省第二十一届美术新人新作展；优秀奖。

4.《日出》《夏至》（油画）——信阳市“魅力浉河”首届油画精品展。

2017 年

河南省首届传统技艺（手工拉坯类）大赛，优秀奖。

河南省首届传统技艺大赛信阳分赛，特等奖。

一梦十年——张梦竹陶瓷作品成果展。

2018 年

不负泥土不负心——张梦竹陶瓷艺术作品展。

（广西壮族自治区高等学校毕业生就业指导中心供稿）

潜心创业，让青春在基层闪光

——广西职业技术学院雷法贤创业事迹

雷法贤，男，中共党员，广西职业技术学院2014届园艺技术2班毕业生。在校期间，是系团总支学生分会主席。现任广西横县绿淳生态农业发展有限公司总经理。在校期间就依托专业特色和学校创新创业基地，开展自主创新创业。毕业后回到家乡，以“企业+合作社+农户”的模式注册成立广西横县绿淳生态农业发展有限公司，主要从事现代农业生产和休闲农业综合开发。公司现有中心示范基地现代农业大棚30亩、露天种植100亩。公司全职员工21人，带动当地兼职就业100多人，吸收创新创业大学生实训实习20多人次。2016年开始公司以提供种苗和保底收购方式带领当地100多名群众脱贫致富。公司先后荣获国家农业部门“新型职业农民培训基地”称号、南宁市“创业示范基地”称号等，为当地群众提供创新创业和脱贫致富培训数十场次。雷法贤本人先后荣获南宁市“创业带头人”称号、“广西优秀共青团员”称号等。

在2013年，我已经萌动了创业的想法，在百色华润五丰现在农业产业基地的专业实习和在校期间系领导带领下去参观有关农业的示范点，让我收获颇丰，让我看到了另一个农业模式（非传统农业模式）。再到毕业实习，我在广西新胜利农业生产资料有限公司大理分公司做农资销售，这让我更直接的与农

业生产接触。但出于家庭的原因我只能辞职回家，在家里呆着无所事事的日子很难受。在一次机遇中，我与现在一起创业的小伙伴志同道合的走在了一起，创立了绿淳生态农业发展有限公司。

公司坐落于美丽的郁江（中下游）河畔横县峦城镇高村，水陆交通、地理位置优越，土质肥沃，灌溉方便，适宜开发连片种植果蔬，且高村村民历来都有种植商品果蔬的习俗，为了充分发挥区域的各种自身优势，结合当地的特色风土人情文化。2013 年 4 月我牵头与当地的农户协商，通过土地流转的方式，将高村黄塘垌片区 100 多亩土地租赁下来建设大棚无公害果蔬种植基地。无公害果蔬种植基地以“公司 + 合作社 + 农户”的方式，积极发展大棚无公害果蔬的种植，引导村民走发展特色生态农业路子，进一步打造地方的农业特色，使农业规模化进程得到逐步的发展与完善。

公司无公害果蔬种植基地面积约 200 亩，现在有大棚 30 亩，主要种植反季节蔬菜以辣椒、苦瓜、豆角为主，同时设有育苗专用棚和新品种的引进试验专用棚，通过试种再进行推广，露天种植主要以种植节瓜、芋头、红薯、香葱、韭菜、蒜头为主，目前公司基地种植有荷兰彩色甜椒、金花茶、台湾大青枣、黑皮果蔗和养殖罗非鱼。我下一步打算进一步扩大大棚的蔬菜种植和露天的种植面积，且要创建自身的品牌。同时基地的管理模式主要是公司向村民承租耕地，并招收农户按照公司的要求种植指定的蔬菜品种。集中化的将土地流转同时，劳动力也得到充分的转型。

公司无公害果蔬种植基地在村党委的引导及支持下以“公司 + 合作社 + 农户”的方式运营，排除了农民进城打工抛荒田现象，调整优化了农业产业结构，提高了土地利用率，进一步提高了当地农民的收入，种植果蔬属于劳动密集型产业，有效的缓解了当地剩余的劳动力和部分闲散劳力就业，使村民获

得地租收入的同时还在家门口得到一笔不菲的收入。基地也通过“开会培训+驻地指导”的模式，加强员工和当地村民对农业种植技术的系统学习，提高了村民的农业种植技术水平，指导村民发展蔬菜大棚，使设施农业成为带动农民致富支柱产业，成为真正的农民产业人。

起初在租土地的时候特别的困难，很多农户宁愿丢荒也不愿意给，我们都是一户一户的走访和签订协议，到最后攻破了钉子户。租好一小部分的土地之后，就开始试运营，结果四处碰壁，因为是几乎没有人接触过。通过一些亲朋好友的口中知道在其他镇上有搞农业大基地的人，就去登门拜访学习怎样做基地的知识和方法，于是就开始平整土地建立大棚等。但是，先前的大力投入让资金有点告急，没有资金来源是不行的，所以就开始谋划着种植什么？销路往哪个方向走？最后确定了所有温室大棚要种植荷兰彩色甜椒，主要销往广州、深圳市场，同时鱼塘要养殖罗非鱼和种植彩椒形成一个生物链，主要销往南宁、柳州市场。由于今年的气候和市场价格的下降收益较少，但让我们获取最大的就是一个经验，在下一步的工作管理和种养决策中更有说服力。

创业并不是想到了，马上就去做。是需要提前去做好准备，是酝酿好了力量再出击的。还要遇到一个好的机遇来顺应自身的创业想法。我个人觉得搞农业更是需要考虑周全，因为各方面的浮动太大了。创业之初，我最多是听到我们专业的同学几乎转行了，我也考虑了很久是不是也跟着转行呢？但是心想如果转行了那心中的梦想就破灭了。创业中，很多人见我晒得黑不溜秋的，就心疼的问大学生为什么要回来种地，我就开玩笑的回答他们我不种地没饭吃。创业之路很崎岖很艰险，是一个充满心理斗争和肩扛大山的压力一样。在路上必须得遇事沉稳、冷静、积极的去思考，再去走下一步路。

我的人生格言是：“不要认为有了计划就大功告成，实干胜于空谈。”

（广西壮族自治区高等学校毕业生就业指导中心供稿）

四川

新时代，努力前行

——四川大学冯军帅创业事迹

我于读研期间开始创业，先于2012年年初创立了川硕科技创新工作室，同年，注册成立了公司，专注物联网技术研发。在为客户定制开发物联网监控系统中，针对物联网技术在现实生活、工作、生产应用过程中，成本高昂、技术门槛高的问题，我和团队多方探索，从共享经济、规模经济的角度出发，提出研发一套物联网开放平台的构想，它能够接入各行各业、多类型设备，快速低成本实现设备联网和监测，降低物联网技术使用门槛，Swaylink物联网平台从此诞生。经过2年多的持续开发，Swaylink物联网平台终于在2016年年中正式亮相，成为国内最早研发物联网开放平台的公司之一，也是四川唯一一家提供物联网开放平台服务的公司。

一、勇敢做选择，实在地前进

2012年，我在读研的同时在一家科技企业上班，在那里接触到了物联网行业，十分认同该领域的市场和前景。2012年年初，我毅然离开了实习2年的公司，怀揣创业梦想，创立了川硕科技创新工作室，同年11月成立成都实唯物联网科技有限公司，开始公司化运作，专注物联网技术研发。

初创阶段无疑是难熬的，资金、资源的双重困难使得团队成员几乎把生活费、奖学金都投到了公司里，但即便如此，创业也曾一度徘徊在失败的边缘。我和团队成员于是开始积极努力争取学校的支持，凭借自身实力和发展前景等优势，成功从四川大学申请到了一笔创新创业计划基金，将公司从危机边缘拯救回来，学校团委还为我们提供了免费的办公场所。

为使团队快速成长，我们参加各种创业培训、创业比赛，通过参加比赛和培训，在不断思考到重构的过程中（思考→尝试→构建→质疑→推翻→重构），目标更加明确、对产品定位更加精准，商业模式也越发清晰。2013 年 8 月，团队经过深思熟虑，决定持续投入研发资金打造 Swaylink 物联网平台，并始终坚持自主创新，先后切入智慧校园、环境监测、食品安全监测、特种设备安全监测等惠及民生的领域。

出于低成本宣传公司服务及产品的需要，我们参加各种创业比赛，媒体采访，获得以 2014 年“创青春”全国大学生创业大赛国赛银奖、中国首届“互联网 +”大学生创新创业全国金奖为代表的荣誉 18 项。2015 年 10 月 20 日，在首届中国“互联网 +”大学生创新创业大赛现场，本人受到时任国家副总理刘延东的亲切接见；凭借该奖项，公司与风险投资签订 500 万元投资协议，与四川大学签订合作协议。2016 年 4 月 25 日，本人又受到李克强总理亲自接见，对于公司创业项目给予高度评价。

创业至今，先后接受了中央电视台财经频道和新闻频道的专访、新闻联播、地方媒体报道，伴随着积极正面的报道，公司和平台知名度得以较大提升，很多客户正是通过百度找到公司，公司业绩大幅提升。

二、精心建队伍，用心做研发

如同我喜欢的电影《中国合伙人》的剧情一样，我找了两位志同道合的“牛人”同学（他们是我认识的人当中做软件最牛的一个和做硬件最牛的一个）踏上了创业之路，成立了实唯科技，专注物联网行业解决方案及软硬件开发。经过多年发展，公司组建了一支多学科交叉、综合素质强的团队，研发人员占比超60%，硕士以上学历占比超30%，全部为大专以上，2015年公司CTO被授予“成都市特聘专家”称号。

坚持党的领导，是凝聚力量、建设社会主义和谐社会的重要前提，公司积极建立强有力的党组织，成立党支部，我被推举为党支部书记，我组织党员学党章党规、学系列讲话，做合格党员，开展“两学一做”等思想政治教育工作，充分发挥党员的先锋模范作用。

我们历时两年多对Swaylink物联网平台进行研发，针对跨平台兼容、无缝接入、批量添加智能设备、数据高强度加密传输、数据全类型支持、多维度警报、快速接入能力、历史数据查询、系统自管理、设备自配置等20余项关键技术进行攻关，用心做好每一个细节，完善各项预定功能，便捷、低成本实现设备的快速联网、在线监控、数据分析和设备控制的想法终于变成现实。平台先后切入信息化工厂、智慧校园、环境监测、特种设备安全监测、电力监测、智能硬件等领域，为20余家客户提供互联网+转型升级解决方案。我们先后获得省市区科技计划立项并承担研发任务项目8项，完成各类研发项目10余项，获得知识产权20余项，发表论文30余篇，并通过国家级高新技术企业认定。

三、饮水思源，心怀感恩

创业之路能走到现在并取得今天的成就，四川大学对我的支持至关重要，我也怀着感恩的心，当我事业有成的时候，一定不忘母校，这也是李克强总理对我的嘱咐。其实无论财富多少，对母校的挂念和回馈都不应忘记。2016年5月29日，我很荣幸加入了四川大学全球校友创业家联谊会，多了一个支持母校师生的创新创业尽绵薄之力的机会。

创业四年有余，我深知创业不易，也深知肩负的社会责任。期间，解决大学生就业近20人，指导大学生就业见习30余人，参与创业交流讲座近10次，服务创新创业大学生300余人，赞助母校活动2次；我深知创业者需要开拓创新，具有国际化视野和思维，因此2013—2016年，我到欧洲10余个国家、美国顶尖高校（哈佛、普林斯顿、麻省理工等）等地游学，学习德国精品制造理念、美国创新思维等，为引领公司发展壮大而做好自身能力培养。

（四川省普通高等学校学生信息咨询与就业指导服务中心供稿）

科技企业创始人 = 在校藏族大学生

——西南民族大学珠扎的创业故事

珠扎，藏族，西南民族大学藏学学院行政管理专业 2012 级本科生。

珠扎荣获 2015 年度“大学生创业英雄年度 100 强”荣誉称号；2015 年 10 月，他领导研发的“藏语翻译官”项目代表四川到北京参加“大众创业 万众创新周”北京主会场展示活动，受到了李克强总理，时任国家副主席李源潮，时任副总理刘延东等国家领导人的亲切接见；“藏医好大夫”项目在共青团中央、江西省人民政府主办的首届中国青年 APP 大赛总决赛上，荣获全国应用类 APP 设计三等奖，2015 年首届中国“互联网 +”大学生创新创业大赛全国赛中荣获铜奖；“藏医好大夫”项目未上线已被估值 5000 万，被央广新闻、新华网、人民网、中国民族报、四川日报、西藏日报等多家媒体进行了深度报道。

23 岁，大学在校生、科技公司创始人，两种迥然不同的身份，同时叠加在这个藏族小伙子身上。在珠扎看来，创业是件有意义而又好玩的事情。青春，赋予了青年创客梦想，使他充满活力、勇往直前。

一、撕掉“少数民族做不了科技创业”的标签

2015 年 10 月 21 日，全国大众创业万众创新活动周现场，身穿藏装的珠扎

格外引人注目。他还记得，时任中共中央政治局委员、国务院副总理刘延东视察双创活动经过云使科技公司展位时对他说："我知道你们的项目，项目很好，希望你带领更多的少数民族青年创新创业！"这让珠扎倍感自豪："没想到我们的创业被推到了国家层面，受到社会各界的支持。服务民族地区是我们创业的目的，少数民族青年一样可以在科技领域创业。"

2013 年，互联网创业兴起，珠扎心中的科技创业之火被点燃。市场上手机没有藏文输入功能，他们想要研发一种容易下载、便于安装、词库覆盖率较大、可绑定登录账号的多功能跨平台的手机藏文输入法，填补市场空白。但这一想法实践起来却并不容易，不少朋友劝他放弃。

面对质疑和困难，珠扎决定放手一搏。为解决研发技术人才缺乏的难题，他计划筹建一个科技型公司，招聘有相关从业经验的人来搞开发。随着久美多杰、薛泓等团队骨干的先后加入，2014 年，团队入驻成都高新青年大学生创业园，并注册成立"四川云使绿能科技有限责任公司"。

经过团队成员一年的努力，他们成功研制出云使智能藏文输入法 1.0 版本——吞弥智能藏文输入法。如今，这一软件可以在 Android、ios 和 Windows phone 三大手机应用平台使用。

从云使研制的第一个软件云使智能藏文输入法，到"云使指南"这一基于大数据藏汉语言全息交互服务平台，智能藏文输入法使国产手机告别了无法进行藏文输入的历史；而"云使指南"集 Web、移动端等各类终端为一体，进行免费在线翻译、在线语音翻译、线下文稿翻译、语言学习空中课堂等语言交互服务，为政府、医疗、学校等机构提供相关业务服务。

二、找准市场"痛点"，整合民族资源，建靠谱的藏药平台

寻医问药，求个靠谱，"藏医好大夫" APP，先要解决"靠谱"的问题，

这是开发它的初衷。根据珠扎团队提供的调查数据，目前，藏药在全国特别是沿海地区的消费群体越来越大，但消费者面临一种不知道上哪儿买药的尴尬。

打开“藏医好大夫”APP 的主界面，可以看到有：藏药、藏医院、诊所、小偏方等六个主要板块。前三个板块，就是解决“靠谱”的问题。为了进一步提高 APP 的知名度、实现 APP 提供的六大功能，珠扎与西藏一家公益机构在西藏和四省藏区开展了“寻找藏医好大夫”的公益活动。

2015 年 7 月 30 日，由共青团中央、江西省人民政府主办的首届中国青年 APP 大赛总决赛落幕。“藏医好大夫”APP 项目，在全国 31 个省级赛区、共 5562 个参赛项目中脱颖而出，荣获全国应用类 APP 设计三等奖。这是西部 11 省（市、区）唯一获奖的项目，也是全国首支获奖的少数民族科技创新团队。

目前，“藏医好大夫”是云使最为著名的产品。这一款可以寻找藏医藏药的、纯公益全免费的手机 APP 在还未上线时，就被风险投资家估值超过 5000 万元。

三、携手各族同胞 服务民族地区发展

除了个人的创业梦想，来自西藏雪域的珠扎还有一个更大的梦想：通过自己的努力帮助更多的藏族同胞挣到钱，过上更好的生活。

在他看来，家乡自然资源丰富，通过科技让纯净的绿色产品走出去，也让新技术、新理念走进来，未来一定会有大发展。“云使”就是桥梁把两者嫁接起来，解决市场需求，服务家乡发展。

珠扎希望自己像祥云使者一样，通过技术助推藏区发展、百姓致富，比如用“藏药好大夫”帮助人们医疗看病，用“高原之星”帮助公务活动，用“藏语翻译官”帮助语言交互，用“西藏 U 客”帮助旅游……通过这些应用，让藏族老百姓参与到地方经济发展中，早日达到小康水平。

不仅如此，云使科技也是一个民族融合的小缩影，团队有 32 名成员，覆盖 5 个民族。对于少数民族创业的艰辛，珠扎深有体会。现在他正与西藏自治区团省委合作，打造西藏青年创客云服务平台，带动、服务藏区青年创业。他相信，做创客，任何一个青年只要迈出了这步，愿意去奋斗，一切皆有可能！

以上就是珠扎同学创业的故事，我们通过他的创业经历可以找到文化创业这么一条路，而这条路对于少数民族地区的学生具有划时代的意义，将少数民族的文化特性与现代科学技术相结合，将其传统的文化实现最大化的发展以及发挥其积极作用。藏医药是藏族文化中的灿烂文化，更是中华民族文化中不可

或缺的文化组成部分，将传统藏医药和现代技术结合，不仅是弘扬中华文化，更是实际利益到各族群众，这其实充分体现出了国家主席习近平提出的“五个认同”中的“文化认同”，各民族共同缔造了伟大的祖国，共同捍卫了祖国的统一，维护祖国统一是各民族的根本利益所在。正因为这样的文化认同和文化归宿，在创业路上的珠扎同学便搭乘着中国梦这班快车，实现了自己的梦想，这是珠扎同学的中国梦，更是许许多多少数民族同学的中国梦。

奖项荣誉

获得奖项：

作为全国唯一民族青年科技创业代表参加“双创周”北京主会场展示活动。

首届中国“互联网+”大学生创新创业大赛全国三等奖。

全国“互联网+”大学生创新创业大赛四川赛区金奖。

首届全国青年APP大赛全国三等奖。

“中国创新创翼”大赛银翼奖。

个人荣誉：

2015年被评选为西藏自治区青联第八届委员会委员。

2015年获得2015年度“大学生创业英雄年度100强”荣誉称号。

2014年西南民族大学迎新杯足球赛最佳球员等。

2013年西南民族大学优秀学生干部。

2010年被西藏波密县消防大队授予“救火英雄”锦旗。

2010年被西藏拉萨中学评为“见义勇为奖”。

参与科研：

主持开发的“吞弥智能藏文手机输入法”荣获中国大学生挑战杯校外学术科技作品科技发明类优秀奖。

主持的藏族益智类传统游戏应用开发项目评为中国大学生科技创新创业国家项目。

（四川省普通高等学校学生信息咨询与就业指导服务中心供稿）

硕士“沼气妹”金柳：我为环保代言

——四川农业大学金柳创业事迹

金柳

成都柳能环保科技有限公司创始人、总经理。

6月初，即将完成硕士研究生学业的金柳刚刚结束了CCTV4专题节目《硕士“沼气妹”》录制，又匆匆踏上了赶往西昌出差的路程。穿着高跟鞋、连衣裙，打扮得体的金柳常常需要奔走在各个乡村，考察臭气熏天的沼气池，“并不是所有人都应该去写字楼，拍高大上的自拍，社会还需要我这样‘接地气’的年青人”，金柳说得颇为豪气。

一、从商科学生到农业人才：我为农村代言

金柳的柳能环保科技有限公司（以下简称柳能环保）前不久刚刚落户郫县的菁蓉镇，这里的创业氛围很浓，各种创业团队随处可见，整个小镇充满了朝气。柳能环保的办公区域不大，但十分整洁。一面墙上挂着公司获得的专利证书和荣誉证书，一面墙上挂着一封“写给柳能人”的信，再加上每个办公桌上生机盎然的绿植，无不传递着一种正能量。

金柳本人也带着一股正能量。说话语速稍快，做事风风火火，说起曾经的经历她眉飞色舞。“在大一时我就开始创业了，开过电商，和同学一起做过小生意，不过都失败了。”她哈哈笑着说，“大二时我开始接触沼气。我爸爸一直在从事相关工作，我比较感兴趣，就跟着他学习。”金柳在无意中发现父女俩一个关于在农户现有的粪便池中改造沼气池的创新想法对农户具有吸引力，行动力强的她立马和父亲一起走访农户，做调研，结果发现他们的新型沼气池因为成本低廉、操作方便，十分适合农户自己使用。

“我和爸爸一起实验了无数次，查阅相关资料，最终利用PVC材料制成沼气膜，结合传统水压间沼气池原理发明了自发热沼气池，这种新型沼气池比传统沼气池便捷、安全、高效，值得推广。”说起自己和爸爸的发明成果，金柳

很自豪，她为这项技术申请了国家专利认证，并从2011年就开始致力于推广这项技术。“有了技术，如果不能把它转化为经济价值和环境价值，那这项技术有什么意义呢？为此我决定要开始创业，励志要将我的自发热沼气池在川渝地区农村市场推广。”这便是金柳创业的开端。

为什么一个工商管理专业的女大学生会对臭烘烘的沼气感兴趣？这个问题无数人问过金柳，我们也对此感到好奇。“很多人觉得农村因为养殖家畜、燃烧柴火等原因导致环境脏乱，我来自农村，我想改变大家对农村的印象。”金柳很“接地气”地说。

金柳从一个村到一个镇，从一个镇到一个县，一个县到一个市，三年内已在川渝黔地区顺利打开市场，承建四川省集中供气沼气工程近20余处，并在雅安4.20地震中修建5处灾后重建沼气集中供气站，供500户农村家庭正常用能，所建工程得到当地政府领导青睐和农户喜爱，农户使用沼气做饭，供暖，农村能源清洁环保。金柳创办的成都市柳能环保科技有限公司已突破业绩600万元，团队吸引来自欧洲留学归来的沼气技术专业人才，以农业部沼气科学研究所为技术依托，专注农村养殖粪污治理，金柳希望在三年内突破公司业绩5000万元。

二、从在校学生到青年创客：我为青春代言

金柳的“第一桶金”来自创业大赛。作为一名在校学生，她在掌握核心技术后很快找到了助力发展的方式——参加2013年雅安市大学生创业大赛，并获得了冠军头衔和3万元奖金。之后她陆续参加了六七次创业比赛，从校园级别到全国性的赛事都有，一共累计了近十万元的奖金，这些钱都被她陆续投入到了创业中。

“万事开头难，一开始肯定不顺利啊！最初的时候，我跑了许多地方，一笔业务也没谈成，本钱都亏了。”说起失败经历，金柳很坦然，“这就和我一开始接触沼气工程一样，也会觉得脏、臭，也会不适应奔波于农村工地和工人打交道，但我会很快调整好心态。”她总是告诉自己，要想打拼出一片天地，只能靠自己，“我没时间沮丧和悲伤”。

金柳的不放弃和努力让创业之路渐渐变得宽阔，从接到第一单生意到实现公司年产值500万元，她用了一年多的时间。“团队也从我一个人，变成了拥有10位成员的专业技术团队。公司成功申报国家发明专利1项，实用新型专利8项。”与此同时，金柳也在努力提升自我，2014年，她开始攻读四川农业

大学农业技术推广专业硕士学位。“奋斗的青春最美丽。”这句话是金柳信奉的金句。

“我带着创业团队一起奔走在川渝地区农村市场，还曾经穿着工作服，头顶探灯，戴着防毒面具下到化粪池中测量、打扫、安装沼气膜。”金柳忘不了那种经历，“粪池中的味道很臭很臭，工作完我总会用香皂不停地清洗，但是无论怎么洗怎么喷香水，那股味道依然在。后来我不再觉得那是臭味，而是我创业路上留下的芬芳。”金柳为自己“臭臭的”奋斗路写下了如此文艺的感想。

她很清楚自己选择的是什么样的道路。大学期间，她没有时间逛街吃饭看电影，似乎一直都在到处奔波。“家里一开始都很反对我从事这行，他们希望我能走出农村。”促使她一直坚持不懈的原因是对创业的热爱，是创业的激情一直激励着她。“现在我也经常鼓励我们柳能人，要吃苦耐劳，要学会接受创业的磨砺，这种磨砺不仅仅是对外在的磨砺，更是对内心的磨砺。”

三、从现在到未来：我为环保代言

在采访金柳时，我们看到她的办公桌旁放着一个行李箱。她告诉我们，采访结束后她就要前往外地出差。“一个月可能有20多天都在出差吧，都已经习惯住酒店了，哈哈！”金柳乐观的性格让她很坦然地面对现在这样完全没有个人时间的情形。但偶尔一个人时，她也会感到劳累和孤独，也曾经一个人躲在宾馆里哭泣，“虽然有来自团队和家人的关心，但创业路上的苦只有自己知道，不过大哭过后我就雨过天晴了。”金柳觉得如今自己的事业并不仅仅关乎个人，更是具有社会价值和责任的，“要还农村绿水蓝天、清新空气”，她总是这样告诉团队成员。

今年，李克强总理来蓉访问，金柳有幸得到了与总理面对面的机会，她感受到了来自国家领导人的鼓励和支持，“我不是一个人在战斗”，她倍感激动。目前，柳能环保主要以沼气工程作为主要业务方向，她告诉我们，公司未来将会立足于核心技术，发展成为一家做实事、专攻环保的公司。

“创业是一件很吃苦的事，但当你的创业具有价值时，你就会觉得什么苦和磨砺都是值得的。”虽然创业路走得辛苦，但金柳认为那些都是难得的机遇，“创业有价值，我可以学到管理知识、市场营销知识、技术知识、财务管理知识，还有为人处世的种种道理。”她总结了自己的创业经验：创业是一个资源整合的过程，需要不断脚踏实地地实践，积累阅历，将各时期遇到的资源和机遇有效地整合起来，“没有历练是不能积累阅历的，也不能积累资源，所以创业不能一蹴而就”。金柳常常鼓励学妹创业：“创业不分性别，不论高低，只要你不忘初心，懂得正确地坚持，就有希望。”

四、延伸阅读

（一）我国农村地区沼气工程发展背景

我国是农业大国，每年产生大量的有机废弃物，尤其是养殖业。我国畜禽养殖业经过 20 余年的发展，已成为我国农业和农村经济中一个重要的支柱产业，其总产值超过 1 万亿元，占农业总产值的 30% 以上，有的省和地区达 60% 以上。资料显示，养殖业废弃物每年的总量约为 25 亿吨。

农村家禽养殖废弃物处理，无疑是一个需要尽快推进的问题。农村户用沼气池的修建无疑是解决这一难题的有效途径。沼气发酵原理所应用的厌氧发酵技术将有机废弃物转化为清洁能源，沼气工程的建设既可以解决污染问题、保护环境，又可提供能源和肥料，有利于生态系统的良性循环和农业可持续发展。

（二）自发热沼气池技术

柳能环保的自发热沼气池专利技术是指在农户现有的粪便池中三分之二的高度安装塑料沼气膜，塑料沼气膜由 PE 材料焊接而成，然后依据传统水压间式沼气发酵原理，接通输气管脱硫器等相关沼气设备，以形成自发热沼气池。该技术具有以下优点：

1. 成本低廉；
2. 不受地形限制；
3. 保温效果突出，产气量高；

4. 自动进出料，无须搅拌；

5. 经久耐用，安全可靠。

（三）厌氧+好氧组合处理工艺

柳能环保受农业部沼气科学研究所与四川农业大学技术支持，利用厌氧+好氧组合处理工艺中的浓稀分流核心技术，治理养殖粪污，实现污水达标排放治理。柳能环保现推广的浓稀分流技术，现已获得国家发明专利认证，调试结果表明沼气产气效率高，沼液处理效果好，污水处理效果良好。未来公司将进行“藻—菌”系统的后续处理技术开发，完善沼液的藻—菌协同净化体系。

获奖经历：

四川农业大学第一届创业大赛一等奖。

雅安市首届大学生创业大赛一等奖。

全国挑战杯创业大赛四川省银奖。

全国创青春创新创业大赛四川省金奖，国家级铜奖。

成都市温江区首届大学生创业大赛二等奖。

中国大学生“自强之星”荣誉称号。

（四川省普通高等学校学生信息咨询与就业指导服务中心供稿）

贵州

走在路上的你

——贵州民族大学吴家荣创业故事

四年前的开始，我只想平静的度过大学生活，但人生那么的纷繁多彩，我总不能视而不见吧！

2013 年的秋季，我背着行囊远离家乡的故土来到省城求学，第一次见到灯红酒绿的大厦和车水马龙街道，疾驰的汽车和打着领带的人，无不彰显着这是一座极具生命力的城市，和很多人一样，初到这座城市便被它华丽的外表所深深吸引，一种强烈的融入感油然而生。

而对于一个求学的游子来说，噪杂的环境并不是一个学习的理想场所，幸好在距离这个繁华城市中心的不远处，有像花溪这样宁静的乡下，而我所在的大学正好处在花溪公园旁，这是花溪的中心，也是我梦开始的地方。

大一开学不久，为了专业的建设，学院号召我们班级成立学生自己的实践平台，我和班上喜爱电影的几个同学商量，要不成立个我们自己的工作室吧，大家都提议说，电影被称作“第七艺术”，我们就成个“第七影视工作室”吧，这是我们第一个影视工作室，工作室的成立，我们不带一丝的杂念，全凭个人的爱好，这也是小小梦想萌芽的开始，工作室虽然没有给我们带来多大的经济价值，但却培养了我们独自解决问题的能力和创新创业的思维。

2015 年的夏季，贵州黔东南电视台和学校合作，共同打造黔东南“全州首档励志公益节目——《我的梦》”电视栏目，这个重任交给了我们第七影视工作室，这算是第一次正式的和电视台合作的项目，我们不敢松懈。来到电视台，我自我介绍说自己也是黔东南人，对这片土地我很熟悉，后来在一期栏目摄制中，我才从新审视了自己生活了二十多年的故土。

故事的主人公是一个初三的小女生，名叫小杨（化名），在她还未出生的时候，父亲就抛弃了她和她的母亲，母亲独自回到了娘家生了小杨，但不久母亲也南下打工就再也没有回来，小杨生下来就和外公外婆一起生活，生活在一个交通闭塞、传统古朴苗寨的外公外婆没有一点技术，只有一双满是老茧的手和从父辈那继承下来的几亩薄田，小杨成了别人眼中的“野孩子”，但她从小就学会了帮助外婆料理家中的事务。上学后的小杨并没有因为自己的遭遇而自卑，反而练就了一颗强大的内心，学习上异常刻苦也使她成绩一直名列前茅。

那天正好时至周末，我们来到了小杨的外婆家，知道我们是从电视台来的记者后，怎么都要留下我们吃顿饭，还把唯一养了一年多的母鸡给杀了，饭前外婆给我们每人敬了一碗米酒，当米酒端到我面前时，自己的眼泪瞬间就流了下来。

大三，经过了两年的积淀，我和工作室的几个主要负责人商量，把第七影视工作室转交给下届的学弟学妹进行管理，2016 年 3 月，我们注册了我们自己第一家文化传媒公司——贵阳黔三甲文化传媒有限公司，这算是步入了正轨，做了公司就是做了商业，我们自信满满，并且我们在学校得到了极大的支持，在学校双创中心申请的办公场地也被批准了下来，有了公司，有了场地，还有一群志同道合的人，而且不久我们就接到了第一单生意，一路走来，好似都那么顺风顺水，但对于一个创业公司来说，这并不是好的兆头。

当我们接到第二单生意时，因为个人观点出现了分歧，我们不断争论的问题就是，创业是创作自己的作品从而实现梦想还是盈利成为人生的大赢家，这种原本看似并不对立的问题最后却演变成了内部严重的矛盾，这种矛盾的最终结果就是公司内部的重组，原本七个人的公司走了三个，我们四人想了很久，该不该继续把公司做下去。

几天后我们参加了“创青春”大赛，并取得了很好的成绩，这无疑增加了我们的勇气，我们总结一路走来经验，创业并不是只是赚到人生第一桶金才是赢家，对于我们来说，锻炼自己解决问题的能力是也是创业的收获。

我们赶在 2017 年到来之前，进行了第三次创业，和贵州电视台合作摄制“2017 年多彩贵州少儿文艺作品邀请赛”和“首届贵州小戏骨青少年微电影大赛”，期间做了很多学校宣传片、晚会视频录制、电视台朗诵 LED 背景，做了很多事，见到了很多人。

寒假我回到家，偶然的机会让我得到到“铜关侗族生态博物馆博物馆”做运营助理工作，同时又运营了全国首个认证的“贵州黎平铜关村”村级微信公众号，前者是腾讯公司慈善基金做的博物馆，后者是腾讯在全国首次开发的“为村”项目，这两份工作对我还未毕业的学生来说绝对都是美差，但临近开学，我决然辞掉了运营工作回到了公司，其实，这并不是骄傲，而是心里依然守护着一个梦。

创业，并不是创办一个企业，自己去运营一个自媒体也是在创业，创业不仅只是赚取人生第一桶金，锻炼自己也是创业获得的财富，创业为了让自己见识更多，培养自己的远见，从而更深入的认识自己，然后才能更好的服务社会，但创业必须自己勇敢的去干，创业的路上有很多艰难险阻，也有非常多的诱惑，听从内心是你最好的导师，也只有走在路上的你，才能发现别人所不知道的美景，那才是你青春该有的模样。

（贵州省大中专毕业生就业指导中心供稿）

踏歌长行梦永在，不负青春不负心

——贵州黔东南民族职业技术学院付朝训创业事迹

“在苍茫的大海上，狂风卷集着乌云。在乌云和大海之间，海燕像黑色的闪电，在高傲的飞翔”，每当读起高尔基的《海燕》，26 岁的付朝训总会情不自禁地热血沸腾，回首这一路走来的岁月，有过痛苦、有过彷徨，但他最终用坚毅和执着，托起了自己追逐梦想的翅膀。

付朝训，男，生于 1991 年，贵州省赫章县人，2015 年 6 月毕业于黔东南民族职业技术学院临床医学专业，现为贵州省毕业市百里杜鹃管理区杜鹃医院院长。

一、但愿人康健，何妨我艰辛

付朝训曾经只是一名中专生。2010 年 8 月从毕节卫生学校毕业的他怀着对生活的憧憬踏入了社会，在黔西县人民医院麻醉科就职，同年 10 月被派遣到百里杜鹃管理区普底乡卫生院担任麻醉科主任。在工作中，付朝训刻苦钻研业务，努力提升医术，使普底乡手术病人的转诊率逐渐下降。然而，医学的博大精深却时常令这个年轻人感到不安，他知道，自己在知识和能力上还存在很大不足，博学而后绝学，积渐而后顿成，付朝训的心里又一次燃起了学习的热情。

2012年9月，经过激烈的高考，他去到了黔东南民族职业技术学院，从一个县级医院的医生再次成为了学生。社会的磨炼让他更加懂得了知识的重要，他像随时准备出征的士兵一样，珍惜每堂课的学习机会。大大小小的书本、密密麻麻的笔记，见证着付朝训的辛勤与汗水，他说“健康所系，生命相托”的医学誓词是支撑自己向前的全部力量，自己绝不能辜负每一位患者的信任，绝不能辜负埋藏心底的梦想。

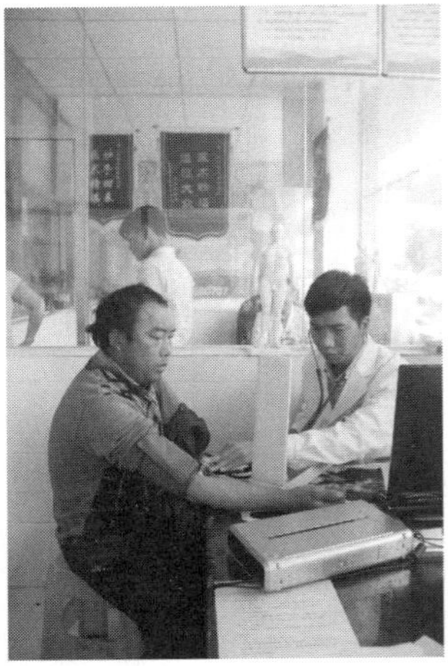

三年求学时光匆匆而过，毕业后的付朝训带着扎实的专业功底和一颗悬壶济世的心回到了原单位，打算好好干一场。可是他很快就发现了一个问题，随着多发病、慢性病的涌现，人们对医疗服务的需求不断增强，而百里杜鹃管理区地处偏僻，交通不便，离最近的县城也有50多公里，区内的4家乡卫生院能力有限，仅有的一家民营医院杜鹃医院，又因为医疗条件简陋、技术力量薄弱，根本不能满足群众日益增长的就医需求。每次他看到老乡背着大包小包的行李驱车赶往50公里外的县医院时，他都会产生一种无能为力的负罪感，他意识到，要解决整个管理区10万余人看病难、看病远的问题，必须要有精湛的队伍和完善的设备，因此，建立一个更加规范、更加强大的医疗机构已是迫在眉睫。

思来想去，付朝训最终做出了一个大胆的决定——接管杜鹃医院，让乡亲们都能就近看病！

创业，一个充满诱惑又充满危险的字眼，撩动着每个有志男儿的心弦；创业，一个年轻人实现梦想的机会，但同时也伴随着巨大的投资风险与生存压力。付朝训坦言，对于他这种农村出身的孩子来说，创业意味着更多艰辛，但在此人生转折之际，他认为不该以成败论英雄，拼过，就是成功！

二、风雨不改志，壮气独凌云

当理想回归到现实，付朝训才发现事情并不如他想象的那么简单。压力首先来自家人的强烈反对。“在普底乡卫生院干得好好的，为什么要冒风险接管民营医院”、“接管以后，发展的钱从哪里来，失败了怎么办”，面对亲人的声声质疑，付朝训坚定地说："年轻人就应该敢想敢干，失败了大不了重头再来。何况现在国家的创业环境这么好，政策这么优厚，我有信心把医院做好"。

最终，付朝训从半信半疑的亲戚们那里借来了60万元，作为创业的第一笔启动资金，于2015年11月正式接管杜鹃医院。

可是，接手后的医院情况却不容乐观。这个占地面积仅800平米，只有1个科室、25张床位、16名医务人员，医疗设备严重不足，城镇职工医保、新型农村合作医疗等业务也基本没有开展的医院，离自己梦想中济世救人的医疗机构还差得很远。

资金、场地、人员、设备等一系列问题压得他喘不过气来，他已经记不清多少次穿梭于风雨之中去向好兄弟伸手要钱，记不得多少次因为医院人手不够忙不过来而在办公室里过夜，更让他感到痛苦的，是在接管医院三个月后自己的妻子就患上了严重的"左侧肺叶不张"，急需去北京手术……

亲戚们有的开始冷嘲热讽的挖苦，朋友们有的开始苦口婆心的劝导，付朝训也常在孤独和自责中怀疑：这件事是不是原本就是个错误，注定不会有结果？要放弃吗，那当初为什么开始？

一天夜里，他想起了在大学曾给过他很大帮助的老师，于是有些胆怯地拨通了对方号码。

听完他的描述，电话那头一个沉毅的声音说道："司马迁曾言，文王拘而演《周易》；仲尼厄而作《春秋》；屈原放逐，乃赋《离骚》；左丘失明，厥有《国语》；孙子膑脚，《兵法》修列；不韦迁蜀，世传《吕览》；韩非囚秦，《说难》《孤愤》；《诗》三百篇，大抵圣贤发愤之所为作也。艰难困苦，玉汝于成，古往今来，成大事者往往历经磨难，千淘万漉虽辛苦，吹尽狂沙始到金，你要相信自己的选择，相信自己的能力，相信自己终有一日可以如大鹏鸟一样，九天展翅高飞"！

通话结束后，他的微信收到了来自老师转的两万块钱，上面的备注有些俏皮：借给你的，记得还哟。付朝训的眼眶湿润了，他抬头望了望星空，一遍又一遍地念着："玉经琢磨多成器，剑拔沉埋便倚天"。

三、商海任纵横，勤苦终成功

付朝训带着对妻子的亏欠，重新振作了起来，他积极向外寻找合作伙伴，工作之余自学《管理学》《营销学》，同时向有经验的人"取经"，在医院的发展上逐渐形成了自己的思考和规划。经过多方努力，他最终找到了一位注资

100万的合伙人，然后立刻着手医技人员的引进和设备的更新，很快杜鹃医院就步入了发展的黄金时期。

经过一年半的发展，杜鹃医院已成为了百里杜鹃管理区医疗卫生事业的中坚力量。现在的杜鹃医院，占地面积高达8200余平方米，医技人员210余人，床位增长到120余张，引进了德国进口数字化成像装置CT、全自动生化分析仪等20多台大型诊疗设备，科室更是从原来的一个综合科室细分成内儿科、外科、中医科、妇产科、急诊科、影像科、检验科等专门业务科室，同时成立办公室、人事部等医院管理层，与业务部门相互配合，共同致力于医院的发展。

考虑到管理区及周边乡镇群众居住分散的实际情况，付朝训又一次扩大医院规模，在百里杜鹃鹏程管理区、百纳乡成立了一分院（鹏程医院）和二分院（康惠医院），三家医院共覆盖百里杜鹃管理区及周边乡镇20多万群众。随着医疗设备的完善和医技人员的增加，目前杜鹃医院业务量大幅上升，门急诊接诊人数从每年的800余人上升至36000余人，年住院治愈率从200余人上升至12000余人，年收入2000余万元，得到了百里杜鹃管理区领导的充分肯定和老百姓的高度评价。

四、反哺桑梓地，情暖天地间

公益献爱心，真情暖人心，付朝训说社会成就了他，他就要更好地回报社会。在政府的支持下，他牵头成立了毕节市首家医疗志愿服务队——杜鹃医院医疗志愿服务队，广泛开展社会公益活动。2016年冬，他带领服务队在百里杜鹃管理区各乡镇中小学开展送温暖“1＋1＋1暖冬行动”，为12564名孩子发放热水袋及总价值6余万元的学习用品；2016年12月，服务队到仁和乡敬老院参加“敬老爱老”圆心愿活动时，在检查出3位老人需要住院后，付朝训决定将3位老人接到杜鹃医院免费治疗。一年多来，付朝训个人共捐资、资助留守儿童、孤寡老人数百人，捐款40余万元，捐物300余件。他的杜鹃医院在68个行政村开展“志愿服务开新路、医疗扶贫来帮助”巡回义诊活动，为特困户、贫困户、五保户免去除医保报销以外的自付费用35万余元，充分体现了民营医院体制的灵活与公益服务精神。

金碑银碑不如老百姓的口碑，截至2017年5月，杜鹃医院共收到锦旗152面，多次被毕节市、百里杜鹃管理区评为“模范企业”，院长付朝训也被评为“先进个人创业模范”“青年文明号”，担任了当地政协委员。

创业的路上充满了坎坷与荆棘，有的人还没迈步就已经畏惧，有的人走到一半就开始退缩，但付朝训，这个学历并不高的年轻人，用自己的坚守和汗水告诉了人们一个朴素的道理：世上无难事，只怕有心人。

（贵州省大中专毕业生就业指导中心供稿）

重　庆

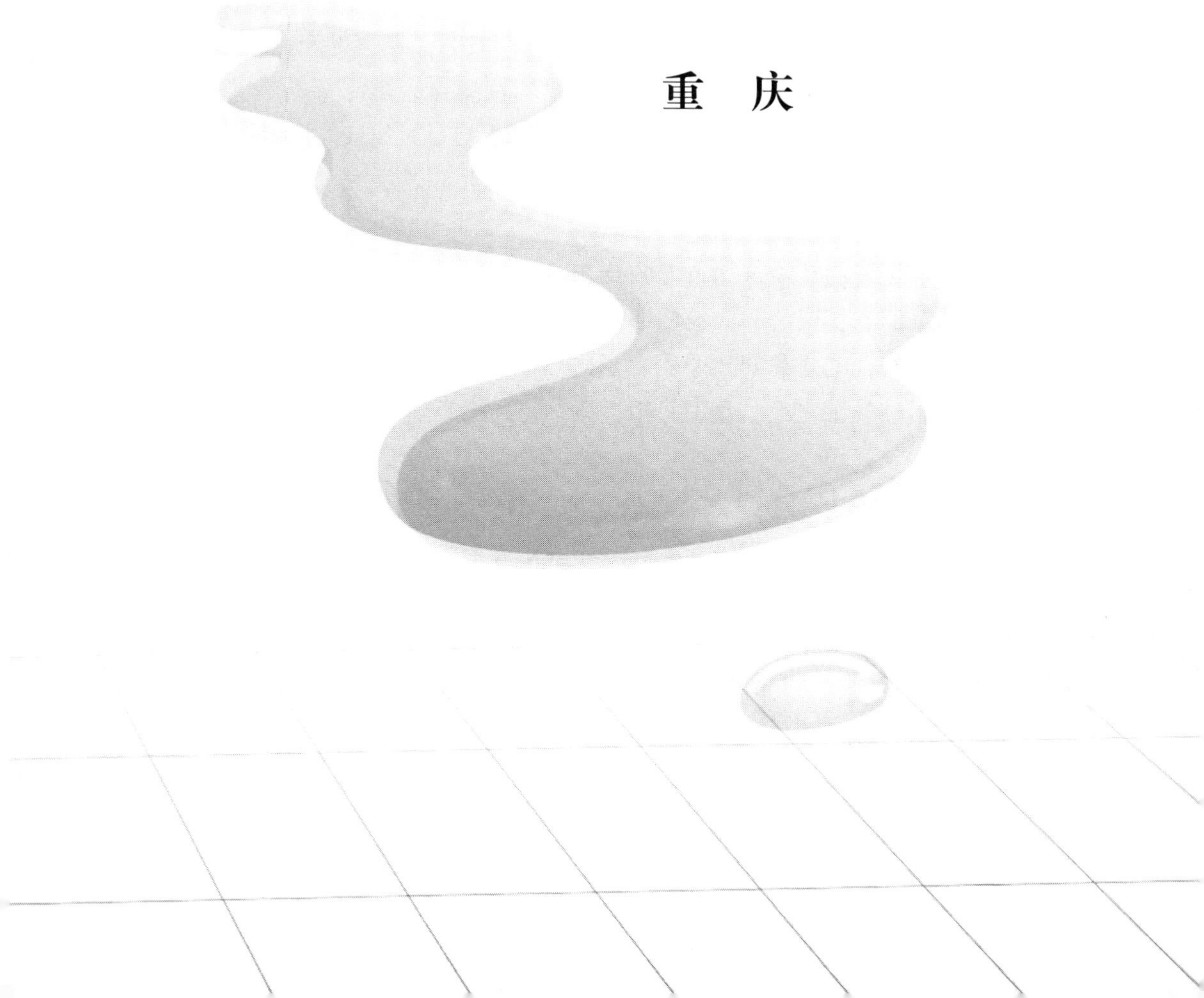

寨上—草木染

——四川美术学院潘宏甲创业事迹

我是潘宏甲，是四川美术学院工艺美术设计专业在校研究生。从小生活在贵州水族村寨，也是村里唯一一个研究生。因为小时候家庭并不富裕，所以从小就穿着妈妈织的布，用植物板蓝根染的水族服装，衣服上会留有淡淡的植物清香味，这种味道让我记忆犹新，并对此产生浓厚的兴趣，自己并利用寒暑假去研究这种独特的传统民族工艺。

在我的童年时期就跟着母亲学习蓝染制作工艺，恋人滕晓燕学习苗绣。在我们村寨的小巷子里面，在古老的水井旁边，都可以看到正在蓝染的人。通过阿妈、阿姐们的耳濡目染，我们从小就喜爱这门技艺。老家的布是用蓝靛草（板蓝根）染的，有种特殊的味道。从小，我们就把这味道“穿”在身上。后来，当我们走进大学，学习研究当代艺术设计，随着自己对设计的认识更加深入，加深了自己对家乡古老民族服装的美学价值的认识，我便开始了爱与美的历程——寻访草木染技艺并将之传承下去。

为了能更好的传承这门古老的技艺，我们走访了附近十几个村寨，与村寨里面的前辈们真切交流，向他们请教制作草木染的技艺。在此过程中，还有一个重要的人物，就是我的初中美术老师赖老师，赖老师是草木染的工艺大师，对我们的影响非常之大，几乎每年暑假都要到她那里学习传统的草木染，她非常耐心的指导我们。

2015 年，是我们生活大转折的一年。我在本科毕业后，考上了四川美术学院的工艺美术设计研究生；滕晓燕完成学业来到重庆，结束了我们要寒暑假才能见面的异地恋。为了生活，也更为了梦想，我们决定在学校大学生微企园里开一间草木染工作室。2016 年我们将工作室注册为“重庆市寨上文化有限公司”。公司的核心成员共 4 人，公司的产品使用传统的草木染色工艺，传承中华民族千年文化，返璞归真探寻人与自然的和谐相处，针对具有人文情怀、环保观念的消费人群，具有民族性、生态性、艺术性、环保性，采用传统的草木染包括衣、居、礼、饰 等系列产品设计及体验服务。

截至2017年5月，我们月收入超过了8万元，年收入70余万元，净盈利润率60%左右。创业期间学校给予我们很大的帮助，不仅房租减免、组织培训、考察学习，还给我们配备专门的指导老师给予创业指导，学校还帮我们对接社会资源，帮我们更快更好的走向市场。2017年6月，公司负责人潘宏甲带着我们的产品到欧洲各国进行为期一个月的展览。

公司产品解决的市场痛点：（1）健康问题。现在的衣物多为化工染色，对皮肤具有隐性的伤害，而我们所用的染料都来源于大自然，大都是中草药材，具备药理功能。（2）环境污染问题。化工染色所排放的废水严重影响了生态环境，天然的染色工艺，来源于自然也回馈于自然，染料的废渣成为了土地的天然肥料。（3）资源短缺问题。染材多样化，更可以利用废弃的茶叶、洋葱皮等作为原材料，提高资源利用率与附加值。（4）传统民族工艺断代问题。很多年轻人不愿意传承传统技艺，追求潮流文化，加上传统工艺的守旧缺乏时代感，以致于走向没落。我们改良工艺、整合设计、用年轻人的视角审视传统工艺，宣扬工匠精神。

与同类产品相比我们的产品具备以下几种特性：（1）民族。我们掌握水族祖祖辈辈传承的草木染、扎染、蜡染、蓝染、夹染、坊老土布等传统技艺，并加以改良创新；此外西南独具特色的民族风格，包括纹理样式、图案搭配具有极大的设计与商业价值。（2）生态。我们的服饰染料与一般的化工染料不同。“植物染料培育技术”的染料一切皆取于自然，包括身边的不要的洋葱皮等，可实现废物利用，环保又生态。（3）健康。普遍服饰所使用的化工染料对皮肤具有刺激与伤害，尤其对于儿童、孕妇等群体。而植物染取材天然，亲肤护肤，并具备一定的药理作用（蓝靛草染料）。（4）艺术。四川美术学院作为西南最高的专业设计学府为我们提供了大量的设计人才；同时我们独创的“独立设计师集成平台”也为设计质量提供了保证。

在创立不到两年的时间里，学校带领我们参加各种比赛，配备专门的创业指导老师给予精准的指导，在大家共同的努力下，我们寨上草木染在各种工艺和创业比赛获得许多荣誉：

2017年入选央视创业英雄汇全国“半决赛”。

2016年荣获中国大学生互联网+创新创业大赛“铜奖”。

2016年荣获重庆市大学生互联网+创新创业大赛“金奖”。

2015年荣获中华手工盛典“最美工坊”。

2016 年荣获四川美术学院大学生创新创业“第一名”。

2017 年荣获重庆市璧山区创新创业大赛“优胜奖”。

以下是我们未来 3 年的规划：

2018 年：在贵州水族同流村寨建立生产合作社，预计带动 20 余户纳入原料购置体系，促进当地就业、致富，响应国家精准扶贫的号召。

2019 年：拓展设计团队，提升设计品格，走国际化路线。

2020 年：在水族村寨合作社基础上建立乡村工艺文化体验馆，带动乡村旅游经济发展。（重庆市大学中专毕业生就业指导服务中心供稿）

团队成员：

潘宏甲　四川美术学院　2015 级研究生

王立东　四川美术学院　2013 级本科生

田典　　四川美术学院　2014 级本科生

藤晓燕　南昌工程学院　2011 级本科生

以下是我们的产品图片：

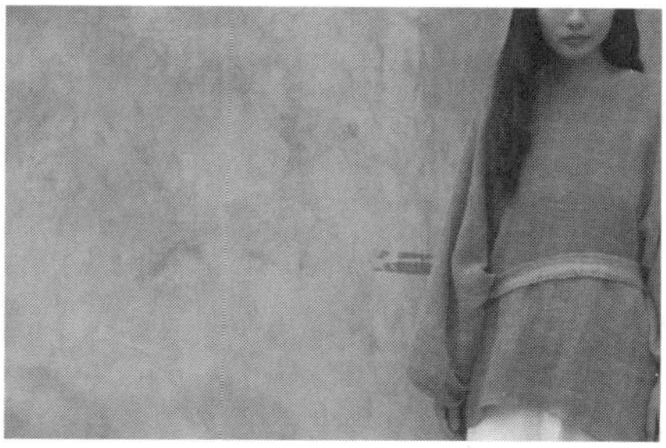

一片冰心在“玉壶”

——重庆文理学院贺冰星创业事迹

2016年7月10日，重庆文理学院南门孵化园迎来了一个新面孔——重庆冰颍科技有限公司。这家公司虽然只花了4000元成立，可实力却不容小觑。公司拥有“智能车宝——全自动智能遮阳帘”和“智能洗漱用品收纳盒”两项智能实用型产品的专利，并已受邀参加重庆科技展览会。此外，公司还与重庆另一家商贸有限公司合作开发了智能门锁，被同行所称赞。

这家公司的创立者——重庆文理学院工商管理专业的贺冰星说：“我是一个什么都不拔尖的人。”可就是这样一个“不拔尖”的人，最大化地利用当下大学生的创新创业热潮，克服了自身专业与科技不沾边的问题，发明创造出了专利产品，公司也打理得有条不紊，在创新创业这个圈子里成为一颗冉冉升起的新星。

一、千锤百炼的五个月

对于大多数学生来说，5月到9月五个月的时间平淡无奇，但对于贺冰星来说，这五个月带给了她汗水和眼泪，也带给了她喜悦和骄傲。

事情发生在两年前，贺冰星和团队一起发明了一个针对车载人群，用于车内降温的外在遮阳装置，也就是后来的智能车宝。她想要让产品达到充电一次可使用70~80次的耐用效果，并且要在电池上添加专为电池设定的电路板保护程序，这就使得市场上主流的电池无法满足要求。于是贺冰星开始了对电池长达五个月的寻觅。

最开始贺冰星到了堪称世界电子聚集地的深圳华强北，本以为能够在包罗万象的市场上找到适合自己产品的生产厂家，可惜竹篮打水一场空。“我们几乎跑遍了那里大大小小所有的厂家，后来又去了西乡的电子市场，可惜都没有找到匹配的电池。”贺冰星说那段时间很辛苦，深圳的天气很热，自己和团队的人顶着毒辣的太阳奔走在大街小巷，那种滋味无法用言语形容。

四处寻访未果，团队决定自主研发电池，可问题却接踵而至。团队成员都不是专业人员，要如何解决技术上的难题呢？紧接着，贺冰星只好又动身前去咨询几家专业生产电池的厂家。本以为这次能够一举成功，没想到受当下大环境的影响，一些生产厂家都处于濒临倒闭的状态，根本无暇也无力替团队生产电池。事实上，智能车宝的研发一直都并不顺利，从最开始的模具就问题百出，整个团队为此花费了太多精力，甚至用心到连每一颗螺丝钉都一点一点亲自拧好。遇到接连不断的阻挠，贺冰星有些承受不住："在这个过程中我们失败了无数次，当中的心酸，说多了都是泪。"

好在功夫不负有心人，贺冰星之后找到了两家电池生产厂，那里的技术人员进行了一比一地配对，终于制造出了想要的电池。

二、四千元成立的公司

贺冰星跟随经商的父母在深圳长大，从小就见识了生意场上的人生百态。"我母亲是实干型的人，没有多少学历，自己一个人辞职之后开了工厂，期间母亲的创业的艰难乃至2008年的经融危机，我都亲眼目睹。"

贺冰星说："一个女人，辛苦经营了二十多年，突然间工厂的产品没市场了，就又不得不转型。当女儿的看着特别心疼。"见妈妈独自一人面临这样巨大的挑战，贺冰星决心要做些什么来减轻她的负担。

恰好自己的大学正在大力扶持大学生创业，所以贺冰星决定带着团队设计出来的智能产品，参加各类创新比赛，赢得学校和外界投资人的认可，以便成立公司，将产品推向市场。

出乎意料的是，父母却对此大为反对。"他们觉得自己经商很苦很累，不想让我一个女孩子又重蹈我妈的覆辙，想我平平淡淡、安安稳稳地过一辈子。"贺冰星解释道。所以当得知自己的女儿要在重庆永川开一家公司的时候，贺冰星的爸爸没有给予过多的帮助，只是给了她四千块钱，让她自己看着办。

谈到公司创立的心情，贺冰星除了激动更多的是感谢。因为没有学校的大力支持，冰颖科技有限公司根本不可能成功地问世。

她强调道："学校领导很鼓励我、信任我、支持我的想法，给了我一个创立公司的平台，这是公司能够成立的主要原因，再加上父亲给的四千块，门面和装修才得以全部搞定。"

冰颖科技致力于研发并销售"智能类"产品。现在公司发展稳健，虽说是羽翼未丰的小公司，但却初生牛犊不怕虎，前些日子刚拿下了和大公司合作研发智能门锁的项目。手里的两项专利产品也正在和知名的投资公司接洽中，产品面向市场指日可待。

三、不容小觑的智囊团

贺冰星常说今天所得的成绩绝不是她一人的功劳，她背后的"诸葛"们也让自己如虎添翼。

冰颖科技的智囊团大都是重庆文理学院的学生，他们有的是贺冰星在创新创业的比赛中所认识，有些源自于学校老师的推荐。

"最开始我们一起参加比赛，组成了一个团队。我学工商管理，所以写策划案就在行一点，而有的成员是机械工程专业，有的是学财务管理……他们就可以为团队从专业层面上提出见解。"贺冰星表示，团队里的成员各有所长，比赛过程中大家迸溅出了思维的火花，于是相互欣赏，志同道合。

还记得那是在重庆第五届大学生创新创业大赛的复赛阶段，贺冰星和团队的成绩不容乐观，这对于一支初出茅庐的团队来说无疑是个危险的警告。

为了赢得接下来的比赛，团队成员坐在一起开了个会。"我让大家把自己的目标都写下来，有人就开始总结大家的优点和缺点，最后大家都不谋而合地开始讨论改进的措施。"贺冰星说成员理性而又默契的思考和行动让人暗自佩服。

直到今天，团队里有的人已经毕业开始工作，但大家都还是在为了"冰颖"这个大家庭而努力着。成员们正在努力想办法改进智能车宝和洗漱用品收纳盒的不足，好让两款产品变得更轻便、环保、美观。

四、拔尖的贺冰星

说自己各方面能力都不强的贺冰星觉得自己能够走到今天，是"依葫芦画瓢”。从初中开始就开始做直销、文员、销售、QC、设计师等的她，在实践中积累了一些工作经验，加之父母经商的关系，自己潜移默化地受到了影响，才会懂得一些经营和管理的门道。

事实上，贺冰星虽然没有过硬的科技方面的专业知识，但她却懂得如何最大化地汇集各类资源来弥补自身的缺点。“两家公司合作其实在一定程度上是资源共享的，像我们这种小公司可以从他们那里学到研发的知识，他们也能利用我们公司的网络渠道和一些好的创意点。”贺冰星深知公司并没有强大的资金来进行科技研发，因此，她选择和其他的大型公司合作，好让公司在此过程中逐渐成长。另外，她也很好地处理自己与团队之间的关系，“虽然公司由我创办，但这并不意味着团队就必须得服从我。重要的是要让大家心甘情愿地和我一起奋斗。”贺冰星表示团队里没有具体的分工，所有的事情都是大家群策群力。

团队的创意并不是天马行空，贺冰星说大家的出发点都是满足消费者的需求。善于跳出局限的她非常关注国外大学生的创新创业动态，还喜欢参加各类科技博览会。“看一下外面的世界，这样能够接收到更多商业信息，了解到更多消费者的需求。”冰星补充道，“我还会请教一些圈子里的前辈，倾听他们给我的意见和建议。”

贺冰星利用当下“大众创业，万众创新”政策带给大学生的福利，紧抓每一次创新创业的比赛机会，获得了全球品牌策划大赛中国地区选拔赛全国赛区一等奖、“中国创翼”青年创业创新大赛全国赛区银翼奖、中国互联网+大学生创新创业大赛全国赛区铜奖等多个奖项，借助这些平台认识了很多投资商，也得到了当地政府的支持。

就像贺冰星说的那样：“每一个挑战都是一次机遇”，她在每一个环节上都不敢怠慢，用心尽力地去做好每一件事，那些求之不得的资源也就慢慢向她靠拢了。

据调查显示，大学生创业的成功率只有百分之五，贺冰星作为大学生创业的浩荡大军中的一员，其创新创业之路绝非一帆风顺，可她并不惧怕，相反她拥有一颗直面挑战、愈挫愈勇的心。自称“不拔尖”的她说：“我的目标就是尽力成为那百分之五。”

（重庆市大学中专毕业生就业指导服务中心供稿）

让停车简单快乐，让出行安全便捷

——重庆交通大学曾超创业事迹

曾超，男，汉族，中共党员，1987年6月出生，重庆交通大学2016届交通运输工程专业硕博连读博士毕业生。2010年入学以来，他在导师唐伯明教授的指导下，带领研究团队成立城市停车研究课题组，通过六年的历练，已成为国内知名的停车产业一体化方案解决团队。结合国家鼓励“大众创业、万众创新”及国务院鼓励科技成果转化的指导思想，重庆交通大学创新创业园对他所带领的研究团队进行帮助与孵化，最终完成了由课题研究团队——项目研究组——企业“化茧成蝶”的孵化过程，于2016年5月成立重庆交创泊联交通科技有限公司。目前，该公司已发展为停车规划设计、智能引导系统研发、立体停车设备、交通安保设施销售维保为主的停车产业一体化企业。

一、与停车产业的初识与邂逅：一座车库一本书

7年前，相比于城市交通拥堵问题，城市停车难问题尚未凸显，停车产业的概念更是少有提及。2010年冬，他在思考论文选题及今后事业发展方向时，一次偶然的机会让他初识一座刚完工的立体车库，这次偶遇不仅让他对新事物充满好奇，而且让他开始关注城市停车难问题。有了研究兴趣就需要一本好书答疑解惑，当时可选的书籍屈指可数，《城市停车场规划与设计》成为他研究停车问题的“启蒙教材”。感知与学习后，他查阅了国内外相关文献，发现立体停车设施在日本已有50余年的应用历史，而我国自1984年引进国外技术研发立体停车库，直至2008年该行业才缓慢发展，由于缺乏系统的理论研究和指导，立体停车设备在我国的利用出现了严重的叫好不叫座现象。

正是这座车库让他从感性层面关注停车难问题，正是这本书让他从理论层面深刻学习到停车规划与设计方法。他的人生轨迹由此转变，将城市停车难问题及立体停车设施规划选址选型方法作为了博士论文研究方向和今后事业的起点。

二、与停车产业的成功牵手：两年沉淀，一月等待，一封邮件，一次会议

虽然初步选定了研究及今后事业发展方向。但如何发挥自身优势找准切入点立足该行业？静心思考后，他带领两名团队成员，通过两年时间研读了所有停车相关专著、370余篇论文、对国内多座城市停车及立体停车设施应用现状开展调研，形成了4万余字的调研报告及研究大纲。

发现了问题与商机，提出了解决问题的思路与方法，下一步就需要寻求平台、创造机遇来开展研究并拓展业务。作为一名在读博士研究生，固然没有太多精力与时间如商人般去应酬，发挥学校平台与自身优势走差异化路线才是成功的关键。他静心思考后，确定了创业初期的三部曲。

第一步，以申请科研课题入手，获得行业主管部门支持，产学研融合。他将调研报告及研究大纲凝练为科研项目申请书，带着申请书奔走于停车行业主管部门，经过两个月的努力，扎实的研究功底获得了主管部门认同，成功申报《山地城市立体停车设施设置理论与方法研究》课题，以该课题为起点探索产学研融合的科研创业之路。

第二步，向世界第一学习，提升自我竞争力。要做好该课题，树立行业影响力就需要有大师传道授业。日本是当时世界立体停车设施强国，他自学日语并将研究及创业计划通过电子邮件发送至被誉为日本立体停车之父的山口博之先生，日本专家对他的计划书兴趣浓厚，从日本前往重庆交通大学与他交流科研及项目合作事宜。日本专家的到来不仅让他收获了宝贵的外文书籍及丰富的行业经验，而且为他引荐了国内行业协会及多家知名企业协助开展科研及创业项目。

第三步，参加行业会议，融入行业。在行业协会与企业的推荐下，他带领团队成员第一次参加2012年停车行业年会。参会前，他充分准备了50余份团队简历。当他在会议现场发言做自我介绍时，主持人惊讶的谈到："这个以老年人、下岗职工收停车费的行业现在居然有博士在参与"。三天的会议简历已发完，当最后一天会程最后一次晚饭时，团队简历被新疆一家大型医院停车管理企业的董事长关注，基于相同的观点及志向，两人相见恨晚，很快签订了团队第一个立体停车规划设计咨询项目。

三、发扬交大铺路石精神，以最硬的“关系”人品与口碑，加速拓展业务

路是铺下去的碑，碑是立起来的路。在重庆交通大学铺路石精神的引领下，他的科研创业团队以最初的一间寝室，三人规模，逐渐发展为博士—硕士—本科传帮带，建筑学、规划学、交通工程学、机电工程为核心的专业团队。

他和他的团队曾清晨6点至凌晨2点忙碌在项目现场，曾在寒冷冬季的早八点至晚八点在地下车库开展为期三个月的停车场行为调查，为业主提供了因地制宜的调研资料及解决方案，并产生明显的应用效果。他经常讲停车行业是个小行业，行业里都是老朋友，口碑和人品是我们能够生存立足，持续发展最硬的“关系”。

四、坚持与时俱进，坚持终身学习，坚持分享与合作

自2014年起，他带领团队核心成员先后前往香港、日本、韩国、泰国及国内28个城市370余座停车库考察学习，前往香港Wilson Parking、日本PARK24、日本石川岛IHI株式会社等世界顶级停车企业学习，并在日本东京就《中国停车产业一体化构建》发表演讲。

停车行业尚处于发展初期，要想做好做大停车产业，就要敞开胸怀乐于分享，需要更多的企业跳出私立的小圈子，成就他人，最终惠及整个行业。结合行业发展中存在的问题，他带领团队将自身参与项目的经验，调研报告通过行业会议、期刊、论文等形式分享交流，每次会议报告，他都会精心准备绝不重样的ppt及讲稿，让每一次报告不能对不起听众，让每一篇分享经验的论文不能对不起读者。乐于分享，广结善缘的行动最终获得了业内人士的认同与源源不断的帮助。

五、提前进入前瞻性领域，借助国家鼓励PPP模式停车产业发展的东风快速发展

2015年8月国家多部委出台政策鼓励城市PPP停车产业发展，停车行业迎来了发展新机遇。早在2013年，他在香港考察停车产业发展及停车地产业务时，觉察到该模式在停车行业中的可行性值得在内地推广。2014年春，他带领团队成功与重庆丰都县市政局合作，开展国内第一座PPP停车楼规划选址、方案设计及立体停车设备应用工作，3年来，他冒着大雾，冒着暴雨往返

项目现场200余次，以敬业的精神顺利完成该项目。以此为起点先后参与了国内50余座PPP停车项目咨询、停车设施规划设计及立体停车设备应用推广工作，积累了丰富的实践及管理经验。

六、产学研结合，从学霸向企业家的转型，从咨询企业到停车产业一体化企业发展

他在硕博连读的求学历程中，连续5年排名专业第一，多次获得教育部国家奖学金，因此，我们很难将他这样的学霸与企业家联想在一起。2016年，作为一名即将毕业的博士研究生，如何将六年来积累的科研及创业成果进行转化，如何将已成立六年的研究团队规范化、市场化运作成为他毕业前最大的困惑。

重庆交通大学创新创业园得知他在城市停车领域所取得的成果及所面对的困惑后，对他所带领的研究团队进行帮助与孵化，于2016年5月成立重庆交创泊联交通科技有限公司，并在学校领导与创业园的共同帮助下，公司与国内多家企业成为产学研合作企业。使公司从单纯的停车规划设计咨询企业发展为停车规划设计、智能引导系统研发、立体停车设备、交通安保设施销售维保为主的停车产业一体化企业。企业运行一年以来，已完成城市立体停车设施规划设计及优化咨询项目50余个，立体停车设施及智能停车系统推广应用项目16座。

“让停车成为简单快乐的事，让出行成为安全便捷的享受”是交创泊联公司的使命，他和他的团队将一如既往秉承“诚信、合作、创新、务实”的企业价值观，为社会提供优质、高效的产品与服务，在创业的征程上奏响成功的号角，努力将企业打造为当代大学生创业的典范及国内一流的城市停车产业一体化供应商。

（重庆市大学中专毕业生就业指导服务中心供稿）

甘 肃

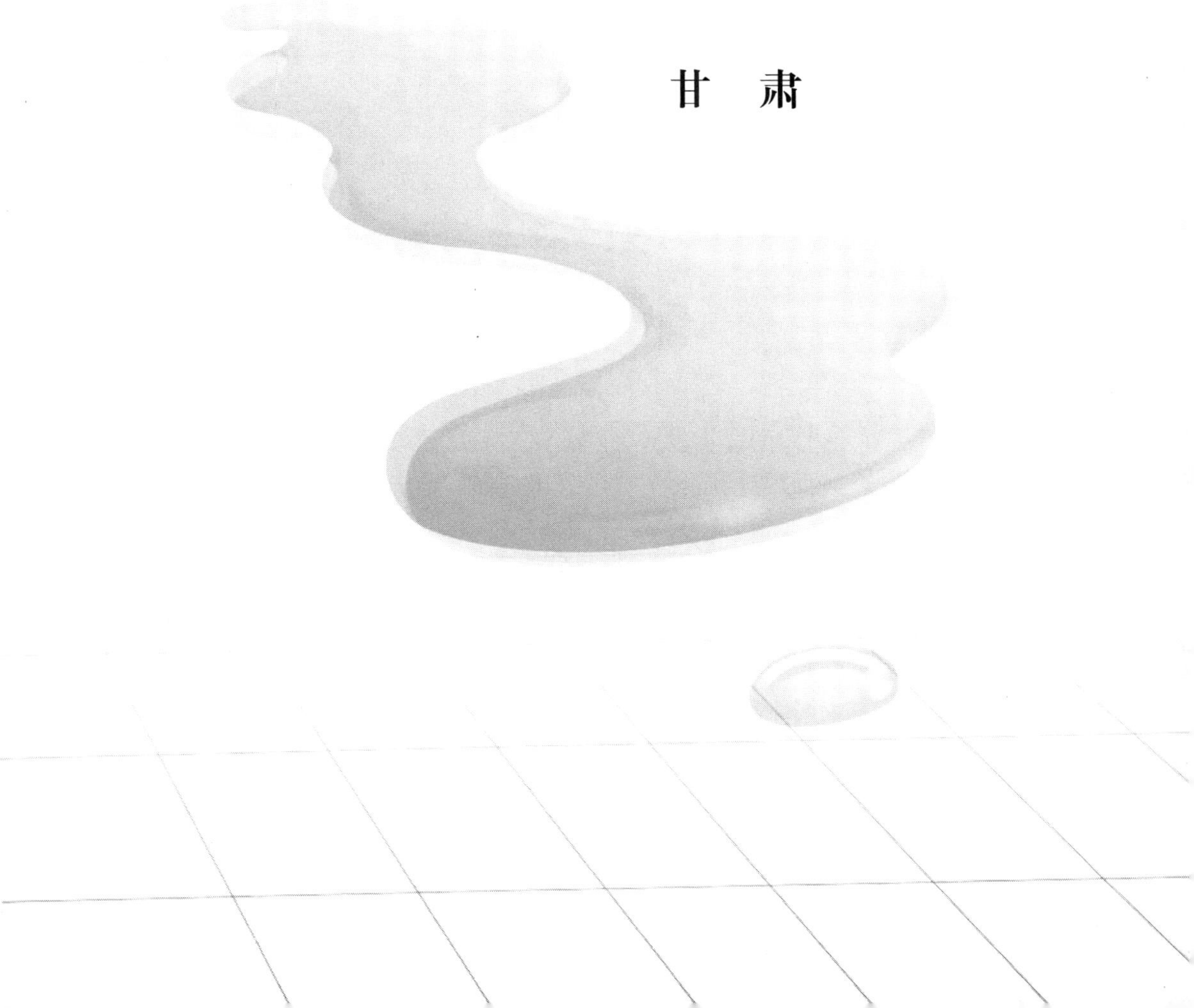

打造西北的电商元年

——兰州职业技术学院秦凯创业事迹

秦凯，男，汉族，生于1990年12月，党员，甘肃省镇原县临泾乡人。2014年6月毕业于兰州职业技术学院，2014年8月开始参加工作，2014年12月在镇原县政府的大力扶持和鼓舞下带动大学毕业生创业，现任庆阳凯天科技传媒有限责任公司总经理，庆阳市青联委员、兰州镇原商会副秘书长、镇原县电子商务协会常务副会长，他始终坚持认真学习，创新思想，勤恳工作，遵法守纪，曾荣获庆阳市“五四青年节·精准扶贫 青年在行动”优秀青年奖，甘肃省“致富带头人”候选人。

他先后从事兰州大创青年服务有限公司市场部经理、甘肃至远集团安宁分公司市场部总监、镇原天悦城商贸有限公司企划科科长、陕西金玉泰实业有限公司企划部经理。

2012年5月组织兰州市安宁区各高校学生参加“兰州雷锋日”活动，组织兰州市安宁区各高校学生参加“2012年兰州国际马拉松”，2012年4月被学院评为“优秀团支书”荣誉，2012年6月被学院评为“优秀党员”荣誉，2013年2月被兰州市团委授予“优秀团员”表彰奖励。毕业后该同志回乡带动毕业待就业的大学生创业，创业成果明显，引起了社会各界的广泛关注。

2015年是电商元年，在镇原县县委县政府的带领下我们成立的凯天电商部，借助大批量的粉丝打开了镇原特产的电商网销之路，依托自媒体平台销售镇原本地的农副特产，截止目前以拥有“掌上镇原·家乡好味道”平台、“秦小哥·吃货铺子”“易购书店”等多个网店，拥有500多名全国代理，月交易额可达10万元。为了推展公司业务我们也一直跌跌撞撞的摸索学习着，我们的创业团队先后前往上海、深圳、南京、山东等地进行培训学习，打造了一个个特色鲜明的创业项目，包括西北地区首家农村合作社交易网络平台—大西北农合网、誉为书法之乡的镇原书画对外交易平台—书画超市以及代理运营腾讯公司控股乐刷支付系统，截至目前，我们已经在全国多个市级成立运营部，通过金融支付业务和自媒体网络进行整体布局，进一步的开发家乡好味道农副特产平台，将全国的优质产品通过家乡好味道平台推广到世界各地。

作为“90后”创业团队，我们立足本地茁壮成长，在一次次的磨砺中寻找未来的方向，在不断成长中奉献自己的青春，截至目前，我们通过自媒体平台为贫困家庭捐款100多万元；联合政府单位培训了上千名电商人才。

庆阳凯天科技传媒有限公司旗下拥有凯天传媒、凯天电商、凯天科技、凯天旅游、凯天外卖五大运营部，凯天传媒主要负责甘肃省12个地级市和2个自治州的在线网络服务，拥有微信平台、今日头条、搜狐、百度、腾讯等多家媒体授权，为甘肃人民提供最优质的在线网络服务；凯天电商主要负责特色农副特产的网络售卖，依托天天乐生态农场·淘宝店、苏宁·南梁风情·镇原馆以及我们独立打造的秦小哥吃货铺子，对外售卖以及代理各类农副特产和各类零食，拥有线下代理68名，遍布全国各地；凯天科技主要负责程序开发以及新的项目拓展，我们从初始网站搭建到如今自主建设网络平台共计服务客户

50 多家，包括政府机构：共青团镇原县委、镇原县文化馆，私人企业：原州美术馆、金匠装饰等。凯天旅游代理携程旅游，全网分发旅游线路，通过互联网让更多的人参与到旅游项目中；凯天外卖自 2017 年开始发展，目前已经服务超过 5 万客户，好评如潮，后期将会发展县镇级城市。凯天公司未来将依托自媒体藉电商发展庆阳互联网，开拓电商新模式。

凯天公司从 2014 年 12 月注册至今，借着互联网发展的思潮一路奋进，我们努力成长为行业的翘楚，自 2015 年 3 月凯天公司启动—万家公益—项目，帮助困难家庭捐款数万元，并通过自有媒体免费帮助寻找失踪人员 18 起，向社会发布救助信息获得了来自世界各地的爱心人士的捐款捐物，自此，我们获得共青团镇原县委颁发的镇原县青少年事务社会工作服务站的殊荣以及获得甘肃达硕律师事务所的免费法律顾问和监督指导的服务，也由此拉开了镇原县 90 后走进爱心事业、共谱万家公益的新开始！

庆阳凯天科技传媒有限责任公司是一个充满生机和蓬勃发展的企业。我们秉承“遵纪守法、以人为本”的指导思想，倡导“诚信、尊重、慎独、求同”的企业精神，遵循“拓展、提高、盘活、多维”的经营方针，努力实现“组织系统化、决策科学化、管理规范化、工作程序化、效率标准化”的集团化发展目标。

我们坚信，只要以市场为导向，以创新为动力，以质量求生存，以发展求壮大，我们就一定会赢得更好的明天。

（甘肃省教育厅学生工作处供稿）

励志创新创业，起航时代梦想

——兰州交通大学18届硕士研究生王迪创业事迹

王迪，男，汉族，1991年9月生，河南漯河人，中共党员，在读硕士研究生；2015年6月毕业于江苏师范大学，获得电子科学与技术专业工学学士学位。目前，就读于兰州交通大学控制理论与控制工程专业。在研究生在读期间，已署名发表/录用学术论文12篇，授权/受理署名国家专利4项，获得各类奖学金7项、省级奖项荣誉4项、国家级奖项荣誉4项。本科及研究生在读期间为积极相应“大众创新，万众创业”的号召，本人先后创办了徐州天云电子有限公司（已注销）、兰州智交电子科技有限公司，担任公司总经理一职。其中，兰州智交电子科技有限公司共有员工6人，公司资产1000万元人民币。

作为项目负责人或主要技术骨干，本人曾主持江苏省大学生创新创业训练计划项目，参与甘肃省自然基金项目、甘肃省基础研究创新群体计划项目、市科技局等支持的纵向课题项目以及科研院所和其他单位委托的横向课题项目，正是这些项目经验及研究成果的积累，促使王迪走向了创新创业的发展道路，奠定了公司发展的坚实基础。

一、脚踏实地，自强不息：在技术和管理两方面打好基础

时光倒流，进入那个令人难忘的2011年，这一年我进入了梦寐以求的大学，开始了自己美好的大学生活。从小的我都是一个热爱发明，喜欢物理，喜欢新鲜事物的人。进入大学我开始学习各种知识技能来武装自己，在本科学习的四年中我积极参加各类电子竞赛以及创新创业大赛，有了很好的技术储备。

还记得那是2013年7月，实验室的魏老师突然找我说今年打算让我带头组队参加全国电子设计大赛，我当时一下子就蒙了，毕竟我对于这些专业技能

的学习，我还处于初级阶段，面对老师交给的任务，我一开始有点想退缩，但老师苦口婆心的鼓励和劝说，让我鼓起勇气接下这个重任。从那一时刻开始，突然觉得自己肩上的胆子好重，也是从那时起，每天的我早上 7 点准时到实验室，晚上一直待到深夜 11 点才离开实验室，遇到难题独立解决，迅速提高了自己解决问题的能力。或许是因为感兴趣，或许是学到了深处，当时的我并没有觉得辛苦，反而感觉从技术中得到了诸多乐趣。当看着自己亲手制作的 LED 灯变亮时；当自己亲手制作的智能小车慢慢移动时；当看着液晶显示屏上的数字飞快跳动时；那种成功的喜悦仿佛已让我进入了另一个世界。经过 2 个多月的学习和训练，自己能够独立设计完成各种电路系统，在技术方面感觉自己有了很大的提高。转眼间到了比赛的前一天，我和我的队友都养足了精力等待这比赛的开始，作为比赛小组的负责人，在具备较好的技术能力以外也需要有很好的组织管理能力，还好经过前期的多次测试比赛的锻炼，我能够合理组织、安排以及分工完成项目。因此，在这次比赛中任务分工、材料购置、文档撰写，一切都显得有条不紊。经过三天的努力，我们成功完成了自己的作品，并获得了江苏省电子设计大赛二等奖的优异成绩。

从那以后，我真正喜欢上了电子制作，第一次的锻炼给我留下了深刻的印象，后来我陆续参加了很多类似比赛，并多次拿到科研创新奖、学习竞赛奖、科技创新标兵等称号，作为负责人成功申请并完成了江苏省大学生创新创业训练计划项目，其中作品《一种低功耗、高性能白光 LED 器件》获得了挑战杯全国三等奖并被邀请参加江苏省创新创业优秀成果展。这些经历为我后来的创新创业之路打下了良好的技术和管理基础，同时养成了脚踏实地、自强不信的优秀品质。

二、勇于创新，挑战自我：开启充满艰辛的创新创业之路

转眼进入大四，在备战考研的同时我仍时常关注科技发展，当时物联网、智能家居、智慧城市等成为大家关注的热点，基于此，经过和导师的多次沟通最终将自己的毕业设计定为《嵌入式智能家居远程监控系统设计》，当时选择这样的题目还是具有很大的挑战性，因为没有任何的同学和老师之前接触过这个新颖的系统，只能靠自己一步一步去做，出于对自己的高要求/高标准，我决定一定要带以科技产品的标准去完成这个课题。从 2015 年 3 月到 2015 年 5 月，整整两个月，我每天都待在实验室，攻克每一个技术难度，每一个想法改了又改，想了又想，对于自己不懂的地方就和同学讨论，请教导师，就这样我

最终在答辩前完成了自己的毕业设计，最后并获得了优秀毕业设计。

由于这次的作品性能非常优越，设计思路很具有创新性，经过导师的提议，我决定和另外一个同学以这个作品为基础创立自己的公司，就这样在2015年6月我们的公司—徐州天云电子有限公司正式上线，该公司以智能家居、智慧城市为发展核心，并拥有属于自己公司的网站、淘宝企业店铺等。我第一次体会到科技创新带来的幸福！为了能够更好地运营公司做出更多具有创新性的科技产品，从2015年7月到2015年9月（本科毕业后的暑假），先后为公司设计了关于环境监测、智能家居、智能显示系统以及远程控制系统等在内的多个科技产品。当时为了管理好公司跑遍参观了徐州大大小小的科技公司10余家，通过参观学习管理经验和公司发展策略，同时为了能够和其他公司建立合作关系，每天奔波于各个公司之间。最终，在我们的努力下，初期建立起了和几家公司的合作关系，公司慢慢有了好的发展。充满艰辛的创新创业之路需要我们用于创新开发新产品并挑战自我勇于探索公司发展策略。

三、不忘初心，砥砺前行：追求创新创业实现人生价值

2015年9月我来到了美丽的兰州，来到了兰州交通大学开始了我的硕士研究生学习生涯，在此，我遇到了后来给予我很多帮助的导师陈光武。通过本科的锻炼，在研究生期间，我更加努力，慢慢地我接触了科研，接触了更加前沿的技术，在经过多番思考后，最终确定自己的研究方向。一个热爱创新的人，做科研应当顺理成章，经过我的努力，在研一我成功地发表了自己的第一篇高水平论文，当看到自己的研究成果成功发表，与更多的人共享，让更多的人知道，那种科研的快乐无以言表。

为将科学研究成果转化成科技产品，2017年，以我为负责人，开始了新领域的探索—基于卫星导航的列车定位技术。时至今日，列车定位系统仍采用传统的轨旁设备以及大量电线电缆来完成，耗费大量的人力和成本，为此我们团队大胆创新，将卫星导航技术成功运用到列车定位系统上，在综合产品可靠性和安全性的基础上，我们将学术研究成果，成功转化为科技产品，该作品《基于GNSS的高速列车复合定位系统》荣获2017年甘肃省“挑战杯”特等奖。这让我第一次体会到学术科研成果转换为科技产品的快乐！

同时，在2017年7月，我有幸入选国防科技大学举办的“导航技术”全国研究生暑期学校，在这里经过一个月的学习，让我感受颇深，我的眼光从此看的更远。我非常珍惜这次机会，积极主动和同学交流，学习，在最后的考试

和测验中我成功通过，并拿到了结业证书。这次的学习经历让我感受到，要想有好的创新和想法必须有开阔的视野和敏锐的洞察力。

由于自己在科研和创新方面的优异表现，2017 年我获得了研究生国家奖学金，这不仅是一次奖励更是对我一直以来努力的肯定，到研三我在学术科研的道路上越走越远，为了能够更好地将所研究成果转换为科技产品，在 2016 年我注册了兰州智交电子科技有限公司并担任总经理，由于前期公司经验的积累，同时在市政府以及学校的优惠政策支持下，目前公司运行良好，希望在未来能够以该公司为契机发扬创新创业精神，让更多的科技产品惠及民生，服务社会。

如今我们生活在一个实现中华民族伟大复兴的美好新时代，我认为，我们应该怀揣新梦想肩负起科技创新兴国战略，做一名有情怀、有担当的科技创新人才，让我们的国家变得更加繁荣昌盛！

（甘肃省教育厅学生工作处供稿）

“90后”创客杨启帆：与无人机一起飞翔

——兰州理工大学杨启帆创业事迹

在兰州理工大学，有一位特殊的学生，他拥有12架无人机，他是学生，也是地地道道的公司小老板。他就是兰州理工大学电气工程与信息工程学院的在读硕士杨启帆。

小时候，杨启帆是一个性格内向的人，长得比较胖不喜欢运动，就爱坐下来天马行空的思考，热衷于各种小发明创造。上大学后，轻松自由的环境给了他很大的空间去规划自己的生活，他在学校里寻觅一些和他一样喜欢钻研，创新，肯吃苦有干劲的战友。课余时间他们一起交流研究成果，探讨创新创意，积极参加各类大学生科技创新比赛。刚开始的时候，他们购买试验设备、耗材等的经费都是自己从生活费里省吃俭用攒出来的，有些时候一块电路板烧了，就少吃半个月的肉，买一个逻辑分析仪就凑了几个人3个月的生活费。大家都很懂事很独立，不愿跟家里多要一分钱去做这些貌似跟学业不相干的事情。但是由于他们要搞研究、要参加比赛，只是画图、计算做仿真是远远不够的。为了获得活动经费，大二开学没多久，杨启帆就带着大家去小商品批发市场进货，在各大夜市和学校附近拍地摊，由于肯吃苦，不怕累，生意好的时候一晚上能净赚两千多，卖出去一个东西杨启帆就想，“哈哈，一个单片机来了一个电动推杆来了”。接着参加了几个全国性的大学生比赛得了奖，学校的相关老师开始联系到他们。在学校的大力支持下，杨启帆和他的团队先后成立了科技协会、创新工作室、机器人俱乐部等，开始做一些科技创新项目。有了技术和团队成员的积累，他们转让了3个专利，加上各项比赛奖金以及学校支持的专项研究经费，杨启帆的各项研究活动如火如荼的开展

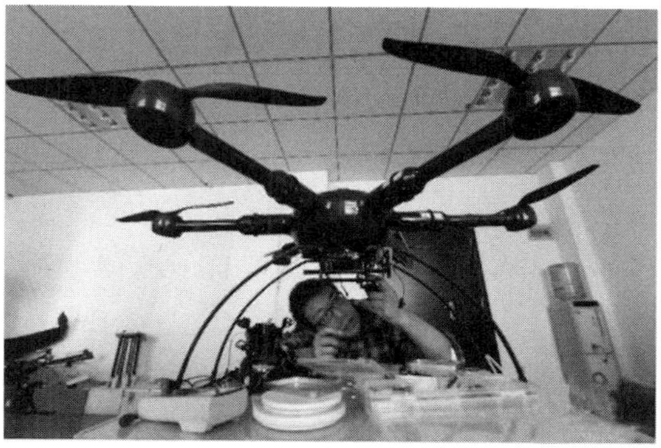

起来。

大二暑假，风风火火忙忙碌碌的两年过去了，杨启帆实现了一个初中以来一直埋在心里的愿望，独自一人背着30公斤的大包来到拉萨，开始了川藏穿行之旅。初中时看见的国家地理杂志上西藏的那些壮美的照片就在杨启帆眼前脚下，脑海里BBC、探索频道的航拍纪录片在脑海里浮现，点燃了他小时候的飞机梦，杨启帆决定要搞航拍，要继续玩飞机。18天一路走来，翻山越岭风餐露宿，路上的艰辛坎坷让他对天天挂在嘴边的大道理有了真切的体会。这次刻苦铭心的旅行真正的磨炼了杨启帆的意志，考验了他的勇气。

随后的大三、大四，杨启帆的团队不断壮大，从航拍飞行器开始着手，专注研究各类无人机动力、控制、新型结构等专项课题。从第一架他独自一人用了一个月的时间手工打造的汽油动力大飞机试飞成功后，陆续做出3类共11种不同性能的飞行平台，研究了自动平衡吊舱系统，全自动一体化地面站系统，机翼变形系统，旋翼自动变距系统等一系列技术。正式开始了无人机系统的设计和应用。

2014年正值研一暑假，杨启帆下定决心开始在家乡创业，继续研究他热爱的无人机，并将其推广应用，让技术实现真正的转化。7月28日杨启帆就到高新区开始为公司选址，两天后就在高新区创新大厦1811室签下租用合同，置办办公家具、车辆等，开始了他的创业梦，刚开始，“每天只睡四个小时，深夜一个人摆弄飞机”的苦日子不知熬过多少之后，如今一航科技拥有各类无人机十多架，价值40多万元，主营业务涉及测绘、航拍、农药喷洒等领域。他们的业务已具有一定的知名度，在业界有着良好的品牌形象。2015年1月，在政策和领导的帮助下，杨启帆和他的团队入住了高新区创业中心的大学生创业苗圃，免去了以前每月近6000元的房租压力，给他的创业打了一针强心剂。在这个创新创业的时代浪潮里，杨启帆的热情和智慧尽情的挥洒，把爱好变为事业去奋斗，杨帆远航。

（甘肃省教育厅学生工作处供稿）

海南

毅然返乡创业的陈忠云

——海南经贸职业技术学院陈忠云创业事迹

陈忠云，男，生于1993年6月，甘肃省合作市人，2016年毕业于海南经贸职业技术学院。现任甘南泱源旅游电子商务有限公司副总经理、“馋先生”外卖联合创始人、总经理，甘南欧珠土特产开发有限公司常务副总经理，甘肃省甘南州青年联合会第九届委员会委员、副秘书长，2017年当选共青团甘肃省第十三次代表大会代表。

曾获第七届全国青少年冰心文学大赛金奖、第八届全国青少年冰心文学大赛金奖；海南经贸职业技术学院第四届创业大赛二等奖；2014年中国大学生自强之星提名奖并获新东方自强奖学金；第二届“大智慧杯”全国大学生金融精英挑战赛“金融操盘手”二等奖；2015—2016年度第一届甘肃省大学生“十大模范人物”（创业就业模范）。

2014年10月，个人在校创业事迹得到了《南国都市报》的专访，并刊发题为《我们用微信刷朋友圈，他用微信刷出一片天》的报道；2015年11月，得到《海南日报》的专访，并刊发题为《高职生与“指尖上的生活”》的报道。上述新闻报道得到了网易、今日头条、南海网、百度地方新闻、IT网等20多家主流媒体的转发报道；个人在甘肃甘南的创业事迹得到当地甘南电视

台、《甘南日报》等媒体的宣传报道。

南国都市报这样评价他：我们用微信刷朋友圈他用微信刷出一片天。瘦高、戴高度近视眼镜、略显成熟，陈忠云貌似资深网虫。确实，他每天除上课之外，绝大多数时间都泡在网上。

海南日报这样报道他：海南经贸职业技术学院2013级国际经济与贸易专业在校生陈忠云，在移动互联网方面显示出了他有“不一般”的能力，他“指尖上的生活”有精彩。

甘南日报这样形容他的创业团队：一群本土“90后”，把甘南的年货市场搬到了手机上。

一、谢绝国内上市公司录取通知，返乡立志创新创业

2015年6月，大学三年级的他，以优异的创业业绩得到甘南一家互联网企业的青睐，被聘为公司副总经理。从北方的甘南草原到南国的椰城海口，相隔几千米的距离，但身在海口的陈忠云对公司的工作一点也没有滞后。2015年11月，他主导的公司项目参加甘肃省创业大赛获大赛成长组二等奖，并代表甘肃省受邀参加全国青年涉农创业大赛。

2016年，和所有的人一样，陈忠云迎来了大学毕业，当许多人在为工作发愁时，陈忠云却在许多公司的录取通知中迷茫了，邀请他的公司有海口当地的创业公司，更有国内知名的上市公司，最后他放弃了留在大城市的机会，回到了他的故乡甘南。2016年是甘南电子商务发展最主要的一年，当时的陈忠云坚信在甘南这片未被开发的电子商务蓝海中一定会有很多实现梦想的机会。果然功夫不负有心人。

二、创业新星崭露头角

陈忠云在甘南电商领域的努力得到了社会的认可，2017 年的陈忠云在甘南电商界已是小有名气，他不仅是甘南州本土最年轻的电子商务讲师，还是被业内公认的“电商专家”。

在甘南创业的几年里，他前后分别担任甘南州第三期电子商务培训讲师和合作市电子商务培训讲师，协助当地政府企业完成了多次网络营销和网络策划活动。2016 年 5 月，由陈忠云负责策划执行的甘南州 2016 年度旅游形象大“最佳人气奖”网络投票活动的点击量和参与人数更是打破了甘南历来所有网络活动的记录，至今未被超越。连续三年担任中共合作市委宣传部年度网络活动的策划和执行，由陈忠云主导策划的网络活动和策划活动客户好评率始终保持在 90% 以上，高水平的策划能力和良好的口碑使陈忠云得到了更多的优质客户。

三、让传统的餐饮店铺享受电子商务带来的红利

“外卖引领甘南餐饮新格局”已成为“馋先生”的标签，作为甘南州本土首家自营外卖品牌，从试运营期间营收突破十万并顺利完成第一轮融资，到公司整体收支平衡再到实现递增式盈利。无疑，馋先生已成为甘南州电商发展中的一颗新星，而其后的运营团队，全是本土“90 后”应往届大学毕业生。

馋先生外卖是甘南泱源旅游电子商务旗下专注于区域化的自营外卖品牌，作为甘南州首家本土 O2O 外卖平台，馋先生外卖无疑是甘南州电子商务发展中的“新生儿”。

“让每一家传统的餐饮店铺享受电子商务带来的红利”是馋先生的初心也是最终目的，而现在馋先生 40% 的入驻餐饮店铺每月在馋先生上的营收都能达到一万元以上。无疑，这和馋先生团队的努力付出是密不可分的。

“馋先生刚上线的时候，我和我的小伙伴们每天都要上街跑市场找供货商入驻，但是每天跑下来却总是不如人意，但是随着馋先生订单量的增多，我们找供货商也就轻松了很多，现在，负责馋先生招商的小伙伴每天都要接到十几个电话，都是找我们要入驻馋先生的饭馆店铺”陈忠云说。

陈忠云作为馋先生的联合创始人兼企业负责人，从上线的那天开始一直带领着他的小伙伴们一路向前，馋先生在社会良好的口碑和整个团队的努力使馋先生在 2017 年的营收接近 100 万元。在馋先生入驻的餐饮店铺中有 20% 以上的店铺在馋先生平台上的月收入能达到 1 万元以上。

四、在追梦的路上奋勇前行

一个创业项目从项目策划到落地再到具体执行，总能遇到各种各样的问题，而作为一个创业团队，每天都会面临着各种挑战，馋先生外卖作为甘南本土青年创业的创业项目，从起初的试运营到现在的收支平衡，这期间展示的是甘南新一代青年人努力奋发，艰苦创业的优良精神。

问及馋先生当下的困难和未来的发展，陈忠云这样说："馋先生能够有现在的成绩，离不开甘南当地商务部门和有关政府单位的大力支持，但是馋先生当下也有许多问题还需要我们团队努力克服和解决，比如有些单子送餐时间缓慢，食品品种相对单一、骑士难招等，针对上述问题我们也采取了很多的措施，我们的工程师团队正在开发馋先生的第二代订餐系统，预计今年能够投入使用，届时我们将面向社会承诺送餐时间。对于未来的发展，馋先生在不断深耕合作市场和提高各项服务之外还会考虑渠道下沉和扩大服务区域。"

（海南省大中专毕业生就业指导服务中心供稿）

胡海蒙：创新黎锦技艺，织锦变织“金”

——海南热带海洋学院胡海蒙创业事迹

被誉为中国纺织史上“活化石”的黎锦，不仅是黎族特有的一项手工技艺，也是黎族一本博大精深的民族史书，是黎族的“甲骨文”。而传统的手工制作黎锦工艺耗时耗力耗工，加上现代工业纱线产品等冲击，慢慢被年轻人放弃，濒临失传。但是，在海南热带海洋学院却有这样一个黎族姑娘领着一帮年轻人，坚持在黎锦技艺传承路上，并在传承的基础上锐意创新，在这块黎族的“甲骨文”上刻写着自己的创业梦，这个黎族姑娘是胡海蒙。

一、感触姐姐嫁衣，萌生传承黎锦之意

胡海蒙是一个土生土长的黎族姑娘，母亲是传统的黎族女人，勤劳、能干。从小胡海蒙在母亲的耳濡目染下，知晓一些关于黎锦的知识。用黎锦做的上衣、筒裙等对于胡海蒙来说也是再平常不过了。然而让胡海蒙开始思索“黎锦保护”这样的大命题却是姐姐的出嫁。黎族有个传统的习俗就是姑娘出嫁前，母亲都会为自己的女儿亲手编织一套黎锦服饰作为婚服，让女儿穿到婆家那边。胡海蒙还记得姐姐结婚那天，姐姐穿上了母亲做了很久的黎族婚服在家举行了仪式，但在去婆家的中途换却成了现代时尚的婚纱。

这对胡海蒙的触动很大，她想，越来越多的人追求时尚、潮流的服饰，传统的黎族习俗、服饰等却渐渐退出历史舞台。作为黎家儿女，有义务让更多的人知道还有一项民族工艺叫织黎锦。从此，胡海蒙开始注意母亲传授的有关黎

锦的一切。上大学后，胡海蒙更是将母亲为姐姐做的黎族婚服带到学校，展示给来自全国各省份的同学们看，并且耐心地讲解衣服的构造原理、寓意。第一次见黎锦的同学们都表示惊讶，感叹好漂亮。胡海蒙感慨，许多生活在三亚这片热土上的人，或许对黎锦工艺都不太熟悉。但是，仅凭自己一个人的力量去保护、传承是有限的，怎样让更多的人知道黎锦，发挥黎锦的作用？胡海蒙加入海南热带海洋学院黎锦协会后，开始研究、琢磨这个让她思考很久的问题。

二、发扬黎锦技艺，宣传民族传统文化

在胡海蒙看来，黎锦技艺是中华民族文化中的璀璨瑰宝，想要把黎锦技艺传承发展好，就要把它当做一项事业来做。认准这一点后，她就开始为黎锦技艺寻路子、找想法，思考怎样让织锦变成织“金”。

胡海蒙觉得，要让更多的人知道黎锦技艺是打开织“金”市场的关键。所以，胡海蒙担任海南热带海洋学院黎锦协会会长时，积极关注省内外的传统技艺。

三、创新迎合市场需求　让织锦变织“金”

随着宣传和展示的次数越来越多，胡海蒙也在思考如何进一步创新黎锦技艺？如何让平常不多见的黎锦饰品变成大家生活中常见的物件？如何让黎锦更适应市场，更接地气？

黎锦协会的小伙伴们在胡海蒙的带领下，经常在课余时间思考、钻研这些问题。在他们的努力下，协会在黎锦编织上进行了一系列的创新。关于编织方法的创新，胡海蒙拿一块简单的黎锦图案举例：传统的织锦注重整体性，如果整体没有完全织完，因为线的缘故，很容易造成先线缠绕、松散，整个作品可能前功尽弃。协会现在采用模块化织锦，编织的锦有一定的长度，编织人员分工合作，完成各自的模块，大大提高了织锦的使用率和效率。

在黎锦的色彩、图案上，胡海蒙也进行了创新，在原有细棉线编织的基础上，加入了涤纶、毛线，提高了整个图案的色彩表现力。在产品设计和图案上，胡海蒙迎合市场需求，创新设计了机袋、围巾、手袋这些与时俱进的时尚产品。此外，在一些T恤、帽子、裙装上也进行了一些大胆的尝试。现在有好几家经营黎族服饰的公司和黎锦协会达成合作意向，协会编织的黎锦服饰都有公司专门去收购了。织“黎锦”可以变成织黎“金”，在创新这条路上尝到了甜头，胡海蒙和黎锦协会的伙伴们创业的劲头更足了。

胡海蒙说，现在已完成注册公司的前期准备，学校将争取在2016年下半年，依托黎锦协会资源，在海南热带海洋学院国家大学科技园注册成立公司。公司主要以生产原生态产品黎锦版画、壁画、佩巾等，以黎锦元素为主体的特色旅游工艺品、服饰类、包包类、家饰产品为主。“等公司创建好了，自己和协会的创意思维也有更大的平台和空间去展示，真的很期待啊!”胡海蒙兴奋地说道。

（海南省大中专毕业生就业指导服务中心供稿）